# 三島由紀夫の

# 【最新】霊界からの大予言

神々が明かす
日本崩壊と地球崩壊
〈脱出の告示〉

太田千寿

SEIKO SHOBO

明るい未来を信じよう。
どんな苦境に立とうとも、それは神仕組《かみじく》み。
己の中にみそぎの精神を持てば、
必ず地球人として恥じることのない光子《ひかりご》となれる。

三島由紀夫（霊）

# まえがき

この本を出版するにあたって、読者の皆さまに、一言お詫びしなければなりません。

若き日に、三島由紀夫による「霊界からの大予言」シリーズを四冊出版させていただきました。その後、十数年、三島霊から様々な指針があったのにもかかわらず、霊的な事情でバランスを崩し、心身ともに病んでしまいました。疲れ果ててしまったために、出版活動はせずに、皆さまに発表しないまま、時が経ってしまいました。おのれの弱さゆえですが、それでも、三島霊の自動書記だけは受け取っておこうと、心に決めておりました。

ただ静かに祈り、神仏や三島由紀夫霊、さまざまな霊と語り、映像を見せられながら、それだけで十数年を過ごしてきたのです。いつかもう一度、確かな波動を皆さまに神々が送ってくださるのではないかと思い、独《ひと》り籠《こも》って、一四年間、祈りの修行をしていたのでした。そのために、その後の霊界通信を皆さまにお伝えすることができなかったのです。

ほんとうに申し訳なく思います。

「これではいけない」と、純粋無垢《むく》なままの自分に立ち返って、一大奮起し、平成一七（二〇〇五）年からは神仏にも諭《さと》されましたので、三島由紀夫霊とともに、三年間かかって、『三島由紀夫の〈形態〉朝日輝けり』という自動書記を書き上げたのです。

本書は、その内容を一般向きにまとめ、現在の緊急問題を追加したものです。
現在、一〇〇年に一度の金融危機や、自然環境の破壊による、日本崩壊と世界崩壊の足音が響いておりますが、三島霊の言霊《ことだま》を羅針盤《らしんばん》として、皆さまが乗り切っていかれることをお祈りしております。
三島霊が日本中に広げたい言霊。それを皆さまにお伝えいたします。

太陽は、永遠に生まれ変わり、夜明けになる。いついつまでも、朝日は輝く。
永遠の生命で、太陽の滅びはあるはずがない。また転生《てんせい》するのだ。

三島霊はそう私に一心に訴えられたのです。三島霊とともに努力して、やっと本書が完成いたしました。読者の皆さま、地球が大好きな皆さま、少々難解に書かれておりますが、「太陽の子が永遠であるように」と祈る三島霊からの指導がいっぱい詰め込んであります。「愛」を信じ、「恒久《こうきゅう》平和のための使者」である三島由紀夫霊の〝真実の言霊〟を最後まで読んでいただければ、幸福に思います。

太田《おおた》千寿《せんじゅ》

三島由紀夫の［最新］霊界からの大予言……………………目次

序章

# 再開された三島由紀夫の「霊界からの警告」

## 「地球温暖化」の後に、必ず「氷河期」が訪れる



## 三島由紀夫霊からのメッセージ①

第1章

# 〈サタン〉と闘う宣言をした三島由紀夫霊

## 新しい自動書記『三島由紀夫の〈形態〉、朝日輝けり』とは?



## 三島由紀夫霊からのメッセージ②

## 第2章
# 地球は〈サタンの王国〉になりつつある
### 地球に〈恒久平和〉を成立させるための三島霊団の役割

## 三島由紀夫霊からのメッセージ③



第3章

# 悪霊《サタン》を退散させるための「霊的訓練法」

## 誰にでもできる神仏による霊的訓練と修行法

## 三島由紀夫霊からのメッセージ④

## 第4章 サタンの消滅こそ地球再生の条件

### 日本人よ！　真の魂を復活させよ

## 第5章 霊界の日蓮上人から「地球変革」の檄

### 三島霊に仮託して訪れる日蓮上人他、諸神仏の霊

第6章
# 2012年に始まる「フォトン・ベルト」地球危機の真相
## フォトン・ベルト、アセンション、大恐慌後の世界を予測する

終章

# 日本・世界崩壊を立て直す――三島霊からの提言

三島霊に公開質問――世界の政治・経済はどうなる？

装幀……………フロッグキングスタジオ
編集制作…………湧水舎＋辻村興一

# 序章

# 再開された三島由紀夫の「霊界からの警告」

## 「地球温暖化」の後に、必ず「氷河期」が訪れる

## ●――一九八〇（昭和五五）年八月一三日から始まった霊界通信

二〇〇八（平成二〇）年九月、アメリカ発の経済危機が勃発し、日本でもトップ企業であるトヨタやソニーでさえ、赤字決算に転落し、他の企業も次から次へと倒産して、大量の失業者が発生しました。経済大国であった日本は、今、まるで終戦時のような貧困のイメージに包まれています。

一九四五年の終戦から立ち直った日本は、一九七〇年には「経済大国」となり、日本人は〝昭和元禄〟と呼ばれる繁栄を享受していました。しかし、一九七〇（昭和四五）年の一一月二五日、日本の首都である東京に大事件が発生します。

日本だけでなく、世界中に有名になっていた作家の三島由紀夫氏が、彼が指導していた「楯の会」の青年四名と共に、市ヶ谷にある陸上自衛隊駐屯地の中の東部方面総監室を占拠しました。そして、バルコニーで三島氏は演説したあと、総監室で「楯の会」の一員である青年（森田必勝氏）と共に割腹自殺したのです。

事件を報じた大新聞の夕刊に掲載された、並べられた二つの首――。

日本を代表する作家である三島由紀夫の首と胴体が別々にされたというニュースは、日本国民にとってショックでした。著名人のコメントがいろいろ出ましたが、三島氏の望む方向にその後の歴史は動いていきませんでした。三島氏は、バルコニー上で、「今こそ日本を真姿《ますがた》に戻すのだ」と叫んでいましたが、何が〝真姿〟なのか、日本国民には伝えられなかったのです。

三島氏の自決から一〇年近くが経った一九八〇（昭和五五）年のある日、私こと太田千寿の肉体に三島由紀夫霊が降霊して、自動書記が始まりました。「自動書記」とは、自分の意識とは関係がなく、手が勝手に動いて、文章を書いたり、絵を描いていくという〈霊的現象〉です。

一番最初に送られた自動書記は絵で、一九八〇年八月一三日、たまたま色紙と筆ペンが目の前にあったとき、手がムズムズし、右手の小指のところがピクピク動き始めて、自分の意志ではないのに手が動いていき、お釈迦様らしき絵ができあがりました。「なんだろう？」という感じでした。

それから自動書記が続いたのですが、突然の事が多く、初期の頃は、部屋に「プチッ」という異常音（ラップ音）がして、それが〈開始の合図〉になることもありました。三島霊によれば、「昭和五二年六月二四日に、私の脳下垂体に潜入した」とのことです。

文章だけの自動書記の場合は、耳の後ろ（脳下垂体？）から〈声〉が聴こえ、頭の泉に〈ささやき〉が生まれ、その〈ささやき〉と同時に字を綴っていきますが、見ている人の話では、とても早いスピードとのことです。私自身が漢字で書けないときは、ひらがなカタカナで筆記するようです。絵（自動絵画）のときは、「何々色」という指示があって、その色の絵具をパレットに置くと、後は手が自動的に色を塗っていきます。文字が紙面に映ることもあって、その通りに文字を書き入れます。

私こと太田千寿は、生前、三島氏とはまったく交流がなく、話をしたことはありませんが、三島霊が私に接近してきたのは、私が三島由紀夫氏（本名は平岡公威）の妹さんである平岡美津子さんの「生まれ変わり」だから、ということです。しかし、私には、その自覚がまったくありません。

平岡美津子さんは、終戦間もない、一九四五年一〇月二三日に、腸チフスで亡くなられたとのことです。しかし、私が妹さんの生まれ変わりと言われても、ピンと来ないのです。

## 死後に託された「地球の再生」と「真秀呂場《まほろば》づくり」の使命

一九七〇（昭和四五）年一一月二五日に割腹自殺した三島由紀夫氏は、霊界に行くと、自殺したために厳しい裁きを受けましたが、その後、霊的に進化して、ある「使命」を神より与えられました。その使命を果たすために、私に降霊して、自動書記により、霊界からのメッセージを送るようになったのです。そして、そのメッセージを世の中に発表する

自動書記をしている著者。平成21(2009)年6月11日

明るい未来を信じよう。
どんな苦境《くきょう》に立とうとも、
それは神仕《かみじく》組み。
己の中にみそぎの精神を持てば、
必ず、地球人として恥じることのない
光子《ひかりご》となれる。

三島由紀夫
平成二一年六月一一日

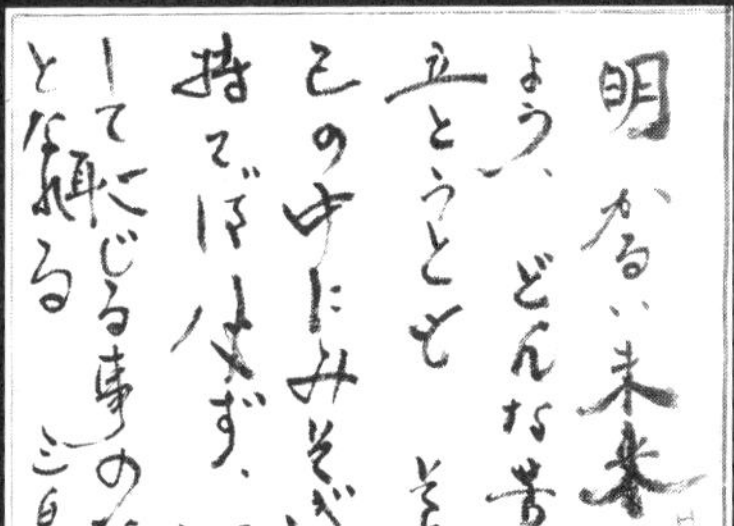


自動書記による三島霊からの最新メッセージ

ようにと、私に指示しました。

三島霊によれば、三島霊の使命とは、「地球の再生」であり、それに失敗した場合、「地球人の善なる魂を救済する」とのこと。そして私こと太田千寿の使命とは「真秀呂場《まほろば》づくり」というのです。「真秀呂場」とはいったい何なのか？　そして、なぜ「真秀呂場」を作らなければならないのか？　――三島霊は、私にその意味を教えてくれましたが、私の「使命」と、三島氏の「使命」はつながっているのです。

次から次へと送られる、三島霊からのメッセージ。いくら「使命」といっても、自動書記に身を使われる人間としてはキツイのです。霊的に乱れやすい私は、何度も精神病院に入れられることになりました。それでも、一九八〇年代、私はなんとか三島霊からのメッセージを本にして世に出すことができました。バラバラなメッセージがきちんとまとまった形で日本文芸社から出版されることになりました。ともかく、三島霊からのメッセージは世の中に放出されたのです。

## ●―「地球温暖化」の後に、必ず「氷河期」が訪れる

まず、一九八四（昭和五九）年一一月に、

①『三島由紀夫の霊界からの大予言――地球は死の星と化し、生命は他の惑星へ移住する！』

次に一九八五（昭和六〇）年一〇月に、

②『三島由紀夫の続・霊界からの大予言——地球再生と人類救済の火ぶたが切られた！』

次に一九八八（昭和六三）年五月に、

③『三島由紀夫の新・霊界からの大予言——1999年8月、北斗七星が地軸を傾けさせる!?』

他には一九八六（昭和六一）年一〇月に、

④『三島由紀夫の霊界通信・宇宙創世と命の起源——霊界探訪と宇宙行脚の絵巻』

以上の四冊を出版することができました。ともかく、三島霊からのメッセージを発信できたことは幸運であったと思います。

一九九九年までに、「地球を再生させ、真秀呂場をつくる」ことが必要であったにもかかわらず、私の非力のため、真秀呂場はつくることができませんでした。

一九九九年以後、私は沈黙し、出版活動をしなかったのですが、八年後の二〇〇七年二月頃より、再び三島霊からのメッセージが送られるようになりました。今回は、三島氏の前世であったという日蓮上人としてからの通信が多くなっています。日蓮上人といえば、日本が危機の鎌倉時代に活動した〝意志の人〟で、元の襲来の時にはそれを予言し、神風が吹いて日本が守られました。

市ヶ谷陸上自衛隊駐屯地で
最期の演説をする三島由紀夫
（写真：共同通信社）

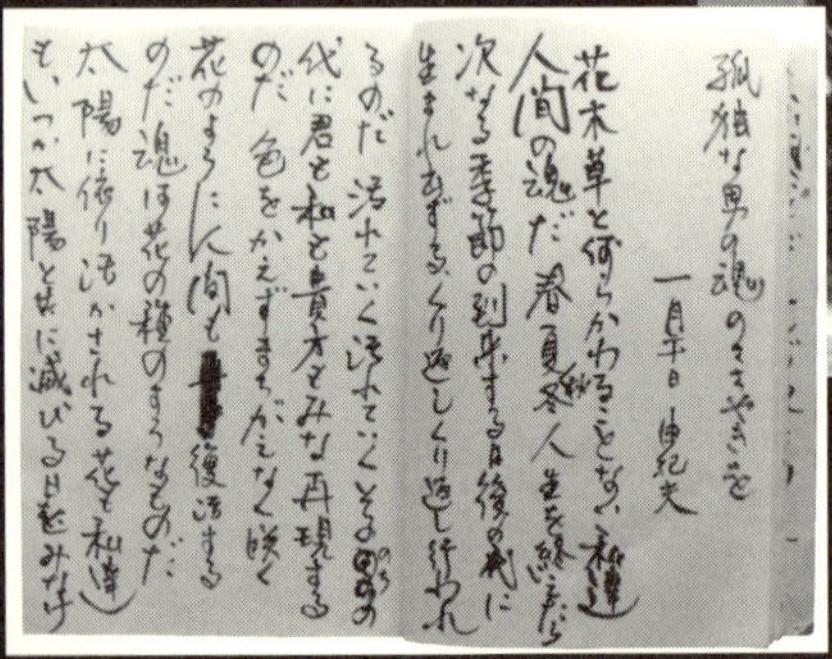


死後10年が経過して、
三島霊は霊界通信を開始した

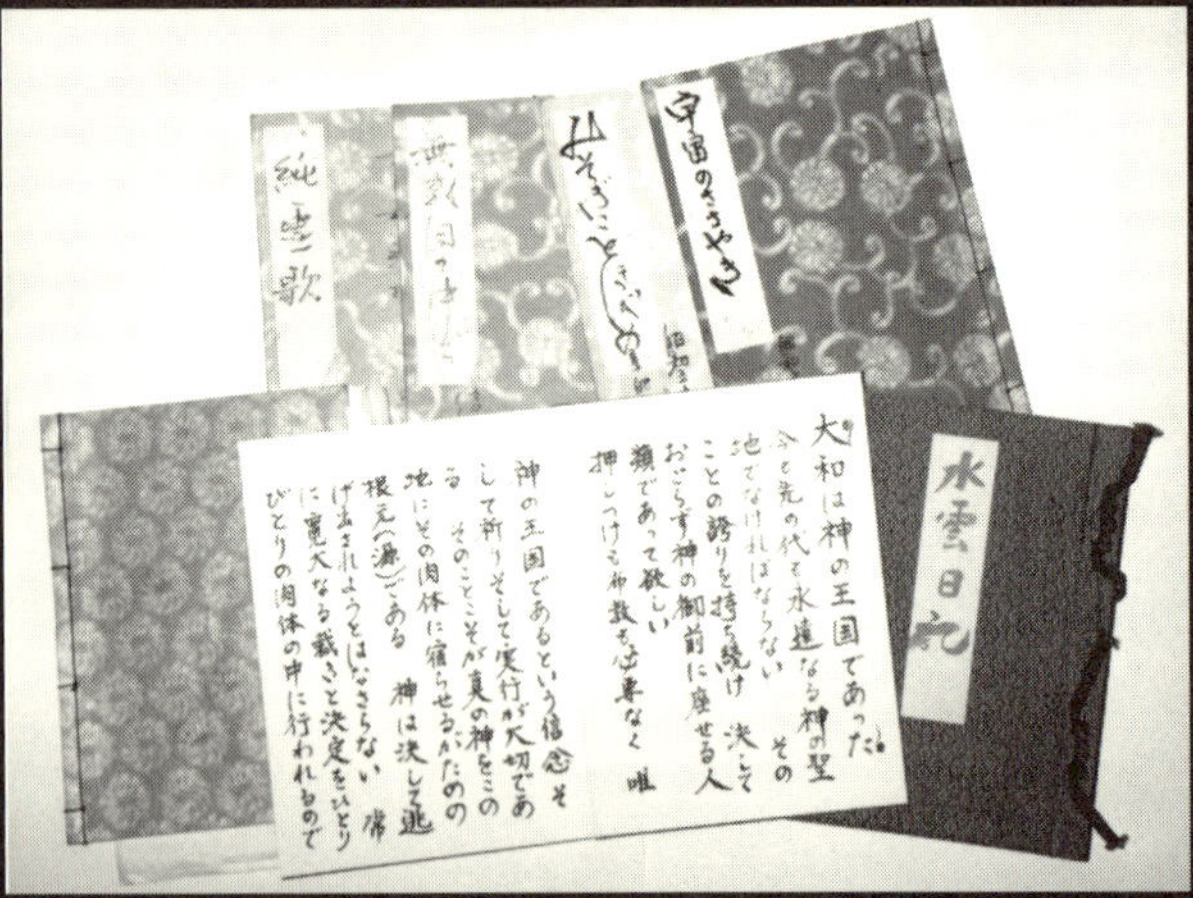


1980年代、自動書記によるメッセージは続き、
巻数はどんどん増えていった

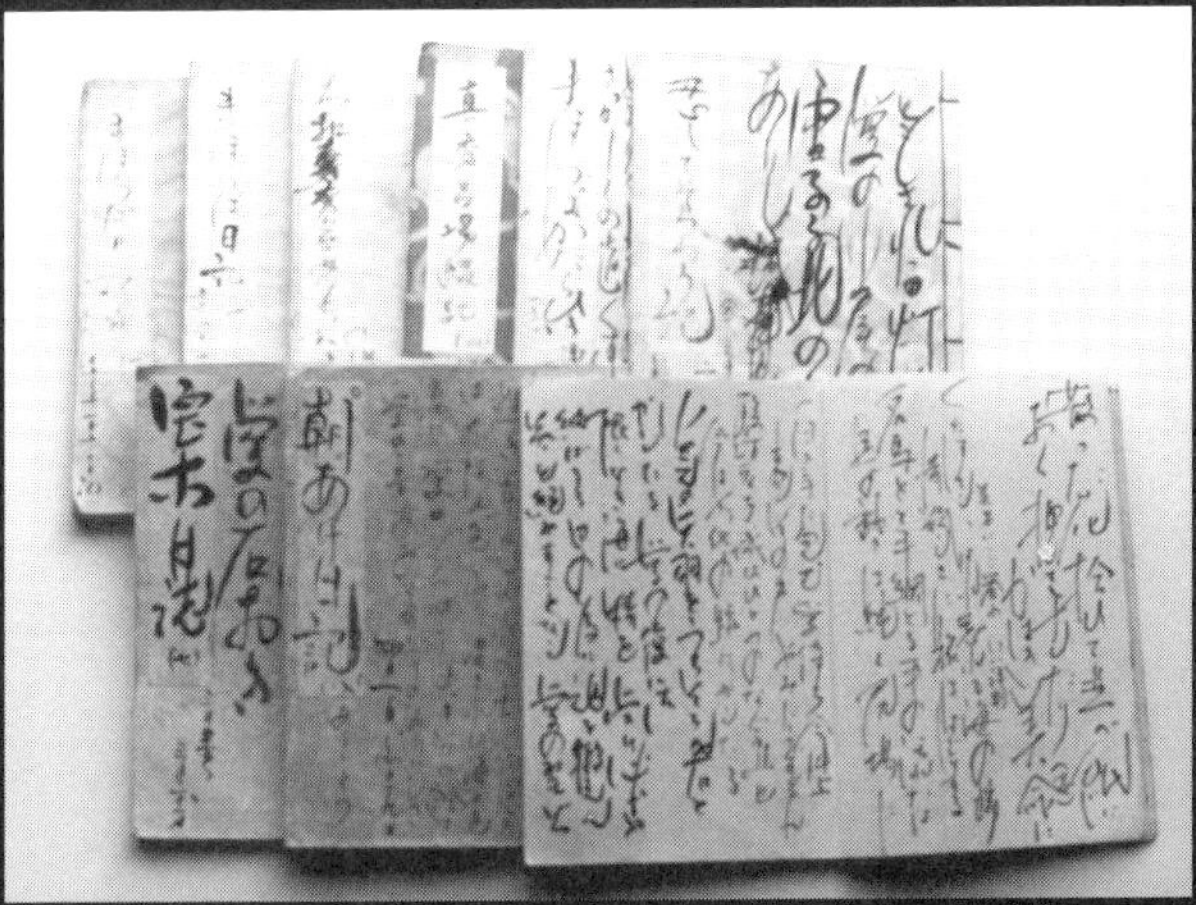

初期の頃の自動書記
(和綴じのノートに日本筆で記録された)

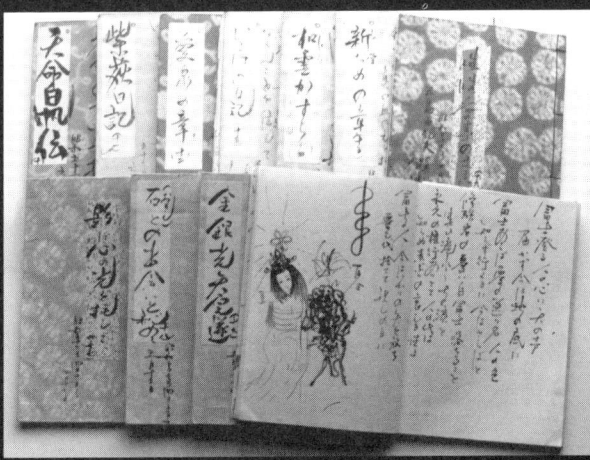

その後、宇宙に関するメッセージが増えていく
(三島氏好みの巻名が付けられている)

三島氏は亡くなって霊界に往《い》った際、自分の前世である一八人の姿を見せられたとのことです。前記の四冊によれば、三島氏の前世がわかっているのは、洗礼者のヨハネ、アトランティスの最後の王ガランディ、新羅《しらぎ》の王・宇流助富利智干《うるそほりちか》、素宇良《そうら》です。三島氏本人は、自分の前世を記紀に現われるヤマトタケルノミコト（日本武尊）と信じていたのですが、そうではなかったようです。

しかし、三島霊は、ヤマトタケルに関する伝説の〝誤っている部分〟を正そうと、現在でも活動しています。本書にヤマトタケルの話がたびたび登場するのは、そういう事情があるからです。

さて、三島霊の使命は、「地球の再生と善なる魂の救済」であり、私こと太田千寿の使命は「真秀呂場づくり」ですが、その具体的内容については、三島霊が詳細に何度も形を変えながら、メッセージを送ってきております。

私の四冊の著書から、重要なメッセージを抜粋して、序章から第3章までの各末尾にまとめてありますので、何度でも読んでみてください。

三島由紀夫は作家ですので、独特の用語を使用するため、ともすると難解ですが、バラバラだったメッセージも、秩序立てて並べてみますと、理解しやすくなったように思われます。

現在、地球には「異常気象」が頻出《ひんしゅつ》していますが、一般的には、「温室効果ガス」による「地球の温暖化」が原因といわれています。

しかし、三島霊は、そうした「温暖化」のあとに、「氷河期」が訪れるということを一貫して予言しています。その理由は、次ページ以降にある三島霊からのメッセージの中にきちんと明示されています。

なぜ、地球に「氷河期」が訪れるのでしょうか？　地球人は、この「氷河期」に対して、どんな意識で臨むべきでしょうか？　――その解答は、三島霊からのメッセージの中にあります。

さて三島霊は、本書の「序章」において「氷河期」について語ってくれました。第6章においては、三島霊は今話題になっている「フォトン・ベルト」について、一般の本とは異なる意見を展開してくれます。二〇一二年一二月、地球は「フォトン・ベルト」に突入するといわれていますが、「氷河期」になるという説もあります。また、人類全体が「アセンション（次元上昇）」に入るという希望的観測もあります。

それでは、これまでに送られてきた「三島由紀夫霊からのメッセージ」をご紹介しましょう。

# 三島由紀夫霊からのメッセージ①

（『三島由紀夫の霊界からの大予言』より）

《地球の危機と「箱洗い」について》

★一九九九年八月二日、午後六時、この時点で、地球のすべてのバランスは崩れ、人類の危機がくる。（中略）人間界がこのまま進めば、神と人類との交流は完全に断たれる。

（36ページ）

★地球はいっとき地獄と化し、人類は、因子となって別の星に飛ぶ。

（52ページ）

★地球危機に当たって肉体は滅びるが、善い因子は他の星に移され、再生した汚《けが》れない地球に戻ってくる。他の星から戻される因子は宇宙空間を漂《ただよ》い、再び地球に降ってくる……花の種のように……。

しかし、選ばれなかった因子は、霊のまま、地獄と化した地球で苦しまなくてはならない。宇宙で、「火水花《ひすいばな》」と呼ばれている美しい地球を核兵器で汚し、樹木を伐採《ばっさい》し、人類本位にシステム化して、動物や植物との共存を忘れた、心得違いの人びとの霊は、地獄の地球で嘆き苦しむのだ。

地球が、大宇宙の「神」の意志ですっかり洗われることを「神の箱洗い」という。こうして再び善い因子が戻り、生命が誕生するとき、日本の中心、地球の中心となっていた富士山は消えていくだろう。

（41ページ。自動書記第二一巻『純霊歌』より）

《霊界と人をつなぐ富士山について》

★富士山は、霊界の神々にとっての魂の砦《とりで》である。また、それは人間界にとっても魂の拠り所となるべき場である。

君〔註：太田千寿〕は、霊界の神々や、祖先の霊魂から選ばれて、この世に生まれてきた人間なのである。それを心に銘記し、霊界の計画している真秀呂場《まほろば》づくりを、人間界において推進しなければならない。それが君に課せられた使命なのだ。

（76ページ）

★富士山が霊界と人を結ぶ柱であり場であり、それが真秀呂場である。しかし、真秀呂場はなにも富士山に限ったことではない。世界的にみれば、日本こそが霊界と人類を結ぶ「真秀呂場」である。

（81ページ）

★地球の危機、日本滅亡のとき、富士が霊界と人をつなぐ柱となる。それが真秀呂場のほんとうの役割なのだ。

真秀呂場づくりをするに当たって、富士山麓に、日本人の先祖たる最初の神々がおられたということを、人々が意識してほしい。意識するだけでも、富士は少しずつ浄化されていく。

富士をたんなる観光地にしてはいけない。富士は霊界に行く橋となっているのだから。また神には、神の通る白い道がある。

（89ページ）

★天皇は神と人とが一体となる名目のためにある。富士山が宇宙と人類をつなぐ柱となっているのと同じように、天皇は神と人とをつなぐ橋渡しが役目なのである。

そのような役目を果たされる方がおられることに、日本国民は感謝しなければならないのだ。天皇の存在は統率ということではなくて、神と人との和合にかかわっているのである。そして、日本文化の伝統である雅《みやび》の伝承者でなくてはならない。

（84ページ）

### 《真秀呂場《まほろば》としての日本について》

★いつの世にも菊薫《かお》り、桜の花咲く、真秀呂場、日本。山のもとは富士。白雪の白さは何

真秀呂場の中心となる富士山に隠された秘密
（三島霊から送られた自動絵画「七転八光興国生来願祈《しちてんはっこうこうこくしょうらいがんき》条文」から）

ものにも優る。この山の美しさは、この国の基《もとい》。地球の基。
（85ページ。自動書記第一巻『まほろば日記（一）より』）

★真秀呂場の祈り――その基本とは、意識の純粋化であり、素直であるというところから始まる。心の安らぐ泉に自らがなり得ることが、真秀呂場を語り、実行する第一の心得であるのだ。

意識の泉を純化させる作業を時をかけて行ないながら、生き続けることにより真秀呂場とはいかなるものか、いかなることをすればよいかが、おのずとわかってくるのである。
（77〜78ページ。自動書記第二六巻『潮の音日誌』より）

**《地球再生のための氷河期について》**

★地球にまた氷河期がやってくる。（中略）地球を救う唯一の手段は、急ぎ氷河期に移行させることである。
（95〜96ページ）

★氷河期のあいだ、この地球は地獄と化す。食糧はもちろんなくなり、生物は図体《ずうたい》の大きいものから死滅し、氷の山、氷の平原、氷の海に氷の嵐が吹き荒れる。（中略）

この氷の地獄に残された霊の群れは、天上に助けを求めて叫ぶ。しかし、霊波は氷の山に妨げられ、吹き荒《すさ》ぶ氷の嵐にかき消される。

地球が氷河期になるとき、選ばれた善き因子が新しい星に移される。オリオン星雲の中にある、赤と青のオーラを放つ美しい星が、今、できつつある。

そこは地球に変わるべき星として、霊界がつくり出したのだから、人間は恐れることはない。安心してその星に移ればよい。その星は小さいけれど、穢《けが》れなき美しい光を放っている。霊界の祈りによって産まれた星だから、かつての地球、〈火水花《ひすいばな》〉のように純で美しい。

いつ果てるともなく続いた氷河期が、終わりを告げるころ、オリオン星雲の彼方の星から、我々の因子は、宇宙の波動、プラズマに乗り、宇宙の風に吹かれて、花の種のように再生された地球に降り注ぐ。

君の再来、あなたの再来……ふたたび人類は邂逅《かいこう》する。

（96～98ページ）

★王家の星――はるか遠く、太陽系以外の青い銀河の中心に存在する。その光は青から赤へ、赤から青へ瞬《またた》くたびに変化する。かつて地球のオーラもこのように輝き、火水《ひすい》の華《はな》と他の星々から称《たた》えられていたのだ。

王家の星在りて、地球生命は存続するのだ。

（99ページ。自動書記第二二巻『無感同の中で』より）

★氷の女神は、たおやかな微笑を浮かべて、氷に閉ざされた死の星（註：地球）を、氷よりも冷たい手で包み込む。氷のドレスの裾をひるがえして、氷原を翔《と》ぶ。――氷の女神が近づいてくる。氷河期は避けられない――。

（129ページ）

★暖かき地、氷の嵐吹き荒ぶ。屍《しかばね》は凍り、高層ビルは氷の柱と化す。寒き地、熱風吹き、樹々は枯れ、湖は炎の海と化す。

青き地球を犯す人類に神々は、愛の刀をふるう。自然を破壊し続けることを止めねばならない。氷の地獄で死ぬもの、炎の地獄で悶《もだ》え死ぬもの、この日を境に始まる。

（120ページ。自動書記第一一巻『紫萩日記』より）

★地球にとっては、空に見える太陽と、地下にある太陽が一対になって、エネルギーのバランスをとっているのだ。地下の太陽とはなにかというと、石油や石炭、核資源などである。そういった地下資源は使いつくすようなことをしてはいけない。このまま使っていっ

「氷の女神」が接近して、棒杖を振ると「氷河期」になる……
(三島霊から送られた自動絵画「氷の女神」)

て、蓄積されているものがなくなってしまうと、地球上のバランスが崩れてしまう。
過去四回の氷河期に地上の生物は滅亡したが、地下には資源が蓄えられていた。その資源はふたたび生命が再生するときには、大きな役割を果たした。ところが現代の人びとはどうしているかというと、地下資源の奪い合いをして、底をつくまで使いつくそうとしている。
来るべき氷河期が訪れ、やがて去っていったとき、それは我々の因子が、ふたたび地球へ飛来するときでもある。そのとき地球再生の、人類再生のエネルギーのバランスがとれない状態に、この地球がなっていたらどうなると思う？　七転八光《しちてんはっこう》（註：三島霊独特の用語で、輪廻転生《りんねてんせい》を表わす）にはならない、七度滅びたあとの、再生の光は期待できなくなってしまう。

（141～142ページ）

★七転八光興国生来願祈条文《しちてんはっこうこうこくしょうらいがんき》　其の二十一

永遠の愛は去ったが、霊魂になった人類が移されたといわれている王家の星は、まだ散ってはいない。氷河期になろうが、地軸のジャンプが起ころうが、何千年かの歳月が重ねられ、ふたたび、霊魂はこの地球に戻ってくる。富士は人類再生のとき、宇宙と地上の橋渡しをするのに大切な山であった。その山さえも崩れていく。

（160ページ）

《人類の魂の移動について》

★氷河期が来れば、地球上のどこにいても生きてはいかれない。当然、人類は滅んでしまう。そのときに霊界の霊たちによって、人類の魂が他の星へ移動させるものと、極寒の地球に残すものとに、振り分けられる。そのときに、必ず選ばれる魂になれるように意識を改善することが大切だ。これもいまの僕の主張。

ノアの箱舟のときは、神が人種で選ばれたけれど、今度は他の星までいくのだから、魂を選ばなくてはいけない。（中略）想念に描くものをいつも新鮮に、そして純粋に。優しさと感謝を忘れない人間であるように心がけることだ。そうすると、他の星に魂だけが移動し、その魂は生き続けることができる。この地球が氷河期でなくなり、花咲き、水流れるときに、その魂はふたたび地球に戻ってくるのだ。（中略）

オリオン座の三つ星あたりに、いま新しい太陽系が生まれつつある。その中心にある星に人類の魂を移動させようというのが宇宙の神の計画である。（中略）

要するに、地球が再生不可能にならないうちに、汚れを洗おうというので、神様が氷河期にするのだろう。これを「箱洗い」といって、いままで地球は何回も箱洗いされている。

（224～225ページ）

《古代史のミュージカル化について》

★意識の世界に美しい感動を送り込むムーヴメントを起こすこと。まず、宇宙創世紀から神々の王国起源をミュージカルに作成することである。そこで美と醜の根元世界をはっきりと打ち出して、音色と色彩の世界に純真な人間の息吹を復活させる。大和の「優雅」を世の人々に理解してもらう。

自然界の掟《おきて》を踏まえて、果てしなく広がっていく美への挑戦エネルギーの復活が、この地球を救う鍵である。美を敬い続ける意識こそ、地球再生、人類救出の最良の手段である。芸術の復活、芸術の保存。

太陽系宇宙根元因子を残存させる地球の未来のために、このムーヴメントを成功させようではないか。

（163～164ページ。自動書記第二三巻『みそぎことほぎの章』より）

なお、②『三島由紀夫の続・霊界からの大予言』、③『三島由紀夫の新・霊界からの大予言』、④『宇宙創世と命の起源』所収の「三島由紀夫霊からのメッセージ」は、それぞれ第1章、第2章、第3章の末尾に掲載してあります。

# 第1章

# 〈サタン〉と闘う宣言をした三島由紀夫霊

新しい自動書記『三島由紀夫の〈形態〉朝日輝けり』とは?

## ●――三島由紀夫霊から委ねられた〈真秀呂場《まほろば》〉づくりの使命

二〇〇七（平成一九）年四月七日、再び、三島霊からメッセージが放たれました。

「日本の国の春・夏・秋・冬は、いつ頃からあったのだろうか」と考えていたとき、三島霊が降りて来て、次のように言われたのです。

「それは島国になってからだ。大陸続きの時は、現在の日本列島のように、春・夏・秋・冬ではなかったのさ。君は、今の日本が好きか？」

私はこう答えました。

「はい、大好きです」

真秀呂場《まほろば》――ヤマトタケルの歌に出てくる言葉。真に秀でた、美しくて心が安まる土地のことをいいます。私にとっての日本は、この真秀呂場のイメージなのです。

三島由紀夫氏は生前、自分のことを「ヤマトタケルノミコト（日本武尊）」であるとおっしゃっていたそうです。

私が〈真秀呂場《まほろば》〉という言葉を知ったのは二五、六歳の時でした。一九歳の頃から目に見えないものの影に追われ、

「思い出せ。思い出せぬのか」と言われました。当時の私は、「自分は何をするために生

まれて来たのか」と悩んでいました。

　ある日、突然、

「今、S書房というところに行けば、君が何のために生きて来たかがわかる」——霊感でそのように感じた私は、電車で横須賀中央という駅に行き、S書房という書店を見つけました。スタスタと本屋さんの中へ入っていくと、勘で一冊の本を手に取り、開きました。

　そのとき、眼に飛び込んだ文字——それが「真秀呂場」でした。当時、石原慎太郎さんや薬師寺の管長をされていた高田好胤《こういん》さんたちの間で「まほろば運動」というものが行なわれていました。その本の「あとがき」が眼に入ったのです。

（これだ！　真秀呂場——これが私の使命！）

　本は買わず、家に帰り、すぐ『古語辞典』で意味を調べて、私は当時の夫に、

「真秀呂場づくりを一緒にやってくれる？」と頼みました。すると、無関心の夫は、

「お金ができたら、協力してあげる」との回答でした。

　そこで私は、子ども二人と三人で真秀呂場づくりをやっていこうと思い、夫との離婚を決意したのでした。何ものかに動かされた、としか言い様がありません。

　五年後の三一歳で離婚。その後は子どもと一緒に修行に励みました。四歳で〈幽体離脱〉した経験のある私は、子どもを二人産むことによって、霊感が発達したようです。

## ―初めて遭遇した霊は恐ろしい鬼のような顔

三島由紀夫霊と初めて遭遇したのは、私が三四歳の時でした。そのときは、鬼のような顔と首が、私を襲い、恐ろしくてただ眼を伏せていたのを覚えています。

その一〇年ほど前の一九七〇年当時、住んでいた家の廊下に三島由紀夫氏のお棺が来たのでした。そのとき、廊下にすごい音が立ちましたが、私は恐怖することなく、その夜、冷静にそのお棺を見つめていました。その翌日の一九七〇年一一月二六日、高名な作家である三島由紀夫氏が、陸上自衛隊市ヶ谷駐屯地の総監室で割腹自決を遂げたことを報道で知りました。今思えば、それが三島霊の訪れだったと確認していたら、私も三島霊のように苦痛の死を迎えていたのかも知れません。

その後、三四歳のとき、神奈川県の横須賀市にある荒立千体不動尊という所で、自殺霊を供養できる霊能者になろうと決意し、二一日間の断食から修行を始めました。

私は「修行は永遠」だと思っています。たとえ悟りを開いても、またゼロから出発。傲慢にならず、己を常に神仏の中に置き、生きていこうと思っています。

荒行はあまり根をつめると、精神のアンバランスを招きます。断食も、良き指導者に当たらないと、バランスを崩します。

## ●――「楯の会」に送られた最新メッセージ

さて、霊界の三島由紀夫氏からの自動書記による、最近のメッセージをご紹介しましょう。生前の三島由紀夫氏は「楯の会」という私設の軍隊組織を創設しましたが、当時は二〇代の若者が中心となっていて、憲法の改正などを目指していました。氏の死後も同窓会が存在しているそうで、もう若くはない元会員たちへ、次のようなメッセージを送ってきました。

「楯の会」へ

これからは、中道の精神で、「誠」の文字を貴方がたに送りたい。

生前、私の中でくすぶっていた、魂の叫びが〈真秀呂場《まほろば》〉、つまり、芸術村をつくることと。なぜかというと、美を愛する者は、まさか自然破壊をしないであろうという、私の考えからだ。美意識、審美眼。これを持って、それぞれ悪しきことを考えず、これから生きていって欲しい。

祈る、貴方がたの行動に、災いがないように。

二〇〇七（平成一九）年十二月一八日　三島由紀夫

## ●――富士山の洞窟へと誘われた三島由紀夫の霊

この本は、三島由紀夫霊からの自動書記に拠っていますが、三島霊はなぜ通信を続けるのでしょうか？　それは、自己の満足のためではなく、他の人にも役に立つようにと考え、自分の知っていること、学んだことを、アレンジした形で伝えてくれるのです。

三島氏は生前、死への葛藤のため、割腹自殺に到りましたが、死後、霊界からの裁きを受けて反省し、自分のサディスティックな部分を浄化したうえで、苦しみや悲しみを乗り越えながら、伝えたい思いがあるのです。

「永遠の星」を探しての行脚《あんぎゃ》で、宇宙の神とコンタクトして学んだ三島霊は、地球の「恒《こう》久《きゅう》平和」のために、私たちがすべきことを、囁《ささや》き続けます。

あるとき、私が「自分の死」について考えていると、三島霊がこう囁きました。

「まあ、人間はいつか必ず死ぬ。軽く考えたほうがよいよ」と。

私は死ぬのが恐くてなりません。肉体から霊が離脱できなかったら、どうしよう？　まだ先の話なのに悩んでしまいます。霊界に旅立つときには、幽体離脱して、空っぽの肉体にして行かなければならないのです。

三島由紀夫氏は亡くなってすぐ、富士山の洞窟へと誘われたそうです。私は、はっきりと白黒の映像でそのシーンを見ました。そして、彼は一八人の前世の姿を見たというのです。三島さんが市ヶ谷で自決したとき使用した日本刀「関孫六《せきのまごろく》」で、「ヤットー」と気合をかけ、「俺だ、俺だ」と言う霊体を追い払い、

「自分は三島由紀夫である」

と自覚させ、彼ら（一八人の前世の姿）を吸収したそうです。すべての記憶を持って、絶対に霊界に行くということを神に進言すると、穴の中へ入っていきました。

そこでの富士は、白い煙が立ち登り、彼の白装束《しろしょうぞく》（神主の姿）は血に染まっていました。

俺の本体、全部、来ーい。三島由紀夫として、俺は生きる。

永遠なぞ信じられない。こんな世界のどこに真実がある？　神も仏も忘れさせられた。人類よ！

スサノオとなり、三島由紀夫は神の真理を聞きに来た。俺の生き様は、サディスティックで、愚弄された人生だった。しかし、『憂国』を書いたとき、神は現われた。

という状況にあったと言います。そして霊界の三島由紀夫は神から次のように問いかけられます。

「ヌシ！　平和とは何と考える？」

私は、「平和とは旭日《あさひ》の光である」と思う。おのれの中に流れる、混濁した血、純粋な血、それが平和の証《あかし》と言える。


間違いのない地球宇宙を創成、再生させようと、今、三島由紀夫霊たち霊団は必死です。その魂の根元が美しい日本をつくるでしょう。戦争のない、争いごとのない世にと……三島由紀夫は今も生きています。

自分勝手でない人々だけに、三島霊の〈良波動〉が送られるのです。

私も歳を重ね、淡々と生き、淡々と散ろうと思っていましたが、「今はまだやり直しができる、三島氏のお手伝いをもう一度しよう」と思い、強い誓いを神にお伝えしたのです。

読者の皆様もこれから、三島さんの息吹《いぶき》を、純粋な息吹を受けようではありませんか。

日本ほど環境に恵まれた国はないでしょう。原爆投下の恐ろしさを唯一知っている国、日本。私たち日本人は、美しい日本の国の秘密を、必ず失敗なく、他国に知らせなければいけないと思います。

そのような心境を伝えたいのでしょうか、こんなメッセージが届きました。

いつか必ず、神の王国が来る。その日まで、有象無象《うぞうむぞう》の輩《やから》が、平和を唱えるであろう。良き人には真実を、悪しき者には方便を説き、いつか必ず来る〈恒久平和〉のために、おのれを投げ出さず、おのれを持って、傲慢《ごうまん》の一字でひた走ろう。

二〇〇七（平成一九）年四月一八日

## ●――三島由紀夫に流れる根本原理は〈愛〉

三島由紀夫氏の根本に流れる原理は何であろう？　と私は考え、尊び生きてまいりました。多分、その根本原理は〈愛〉ではないでしょうか。

生前、三島さんは「愛」という言葉が好きではなかったと、専門家の方にお聞きしています。しかし、流れる波動は「愛」であったろうと、「三島由紀夫の霊言シリーズ」の四冊を読んでくださった読者の皆様にはおわかりのことと思います。

愛の中に不思議な片鱗《へんりん》が見えた三島氏の最期――「どう解釈されてもかまわない。俺は、発狂人生を歩み、おのれの中の邪と戦うのだ」と、三島さんが囁きます。

三島由紀夫と共に市ヶ谷で決起し、やはり自決して果てた森田必勝さんは、三島さんのことを「大人《うし》なる人」とおっしゃっていました。「大人」とは、徳の高い立派な人という意味です。

二〇〇五（平成一七）年の頃から、霊界の三島さんは私に、この『三島由紀夫の〈形態〉朝日輝けり』（自動書記による霊言）を世に出してくれとせがむようになりました。私は、「締め切りのない霊言作家なので、ゆっくりやります」と答えたのでした。

明日は明日の風が吹く——そうは言っても、そんな気持ちでは、今の世の中も霊界も、正しく動くはずがありません。私は一大決心をして、この身が滅びる前に、日本神話の最高神であるアメノミナカヌシノカミ（天之御中主神）とコンタクトがとれるという三島由紀夫霊の仕業《しわざ》のお手伝いをしようと、再び立ち上がることにしました。

三島さんの生前の「男の死の真髄」に流れる「魂の根本」は、どこにあるのか？　と、三島霊に投げかけてみました。すると、答はこのように返ってきました。


女の死と男の死の違いは、君が死ぬ寸前までに教えてあげるよ。今、教えてしまったら、きっと君は、自爆するだろう。「背水の陣」とか「最後の正念場」とか、「死んで何処へ行くか」とか、毎日毎日考えている君が、哀れだ。

「人は人、自分は自分」と割り切りたまえ。他人の心配より、自分の心配。

俺は、死んで、生きて、死んで、初めて知った。操《あやつ》られるな、邪神に、生霊《いきりょう》に。

おのずと男と女の違いがわかるはず。いいか、きっと囁きで、君に教える。死に急ぎは、禁物。俺と同じ道を、君が歩めるはずがない。いいか。赤子が喜んで地上に産まれてくる日が訪れる。君も同じ考えになれ。

二〇〇七（平成一九）年四月二〇日

## ●――〈荒御魂《あらみたま》〉から〈和魂《にぎたま》〉となった三島霊

ある日、三島由紀夫の〈形態〉とは何だろう？　と、自分に問いかけてみました。すると、

死して、屍《しかばね》を残さず。永遠の泉に帰依《きえ》する。これが、一言で言えば、俺の〈形態〉だ！

という囁きが聞こえました。

「そうか。そうなんだ」

私も、今は同じ考えでいます。三島霊の地獄を見て、私はすれ違いで、三島霊との約束どおり、宇宙の果てに帰りつこうと思っていました。三島霊との交信から何十年も経て、今、やっと〈生命の永遠〉を信じることができるようになりました。

どんなに私が拒否しようと、霊界の三島由紀夫氏はこの交信を止めようとはしなかったのです。最初は〈荒御魂《あらみたま》〉としてやってきたので、私は自分が荒々しくなるために、極力避けてきました。しかし、今、三島由紀夫霊は〈和魂《にぎたま》〉となり、冷静かつ直立不動の精神で私に交信してくれます。あっという間でしたが、これまでの三十年弱、こういう穏やかな言葉はなかったのです。

最近では、どのように自動書記を行なっても、辛くないばかりか、楽しくなってきたのです。平成一七年から始まった自動書記は先述したように、『三島由紀夫の〈形態〉、朝日輝けり』というのがその題名です。二年も筆を休み休みしつつ、纏《まと》め上げるのに今となってしまいました。

泣かず飛ばずの私でした、十年。あっという間に過ぎてしまいました。機会あって、筆を走らせる毎日です。

どんな人にも〈霊感〉はあるものなのです。しかし、一人で霊感を使うのは禁物です。私はマスコミに「霊感主婦」とされ、「突然、三島霊が降りたほうがショッキングでしょう」と雑誌社の人に言われて、それも「神のなすまま」と思い、黙って「三島由紀夫の霊言集」を世に出しました。

しかし、本当は、私は四歳から神を追い求め、修行、修行で霊力のアップをしてまいり

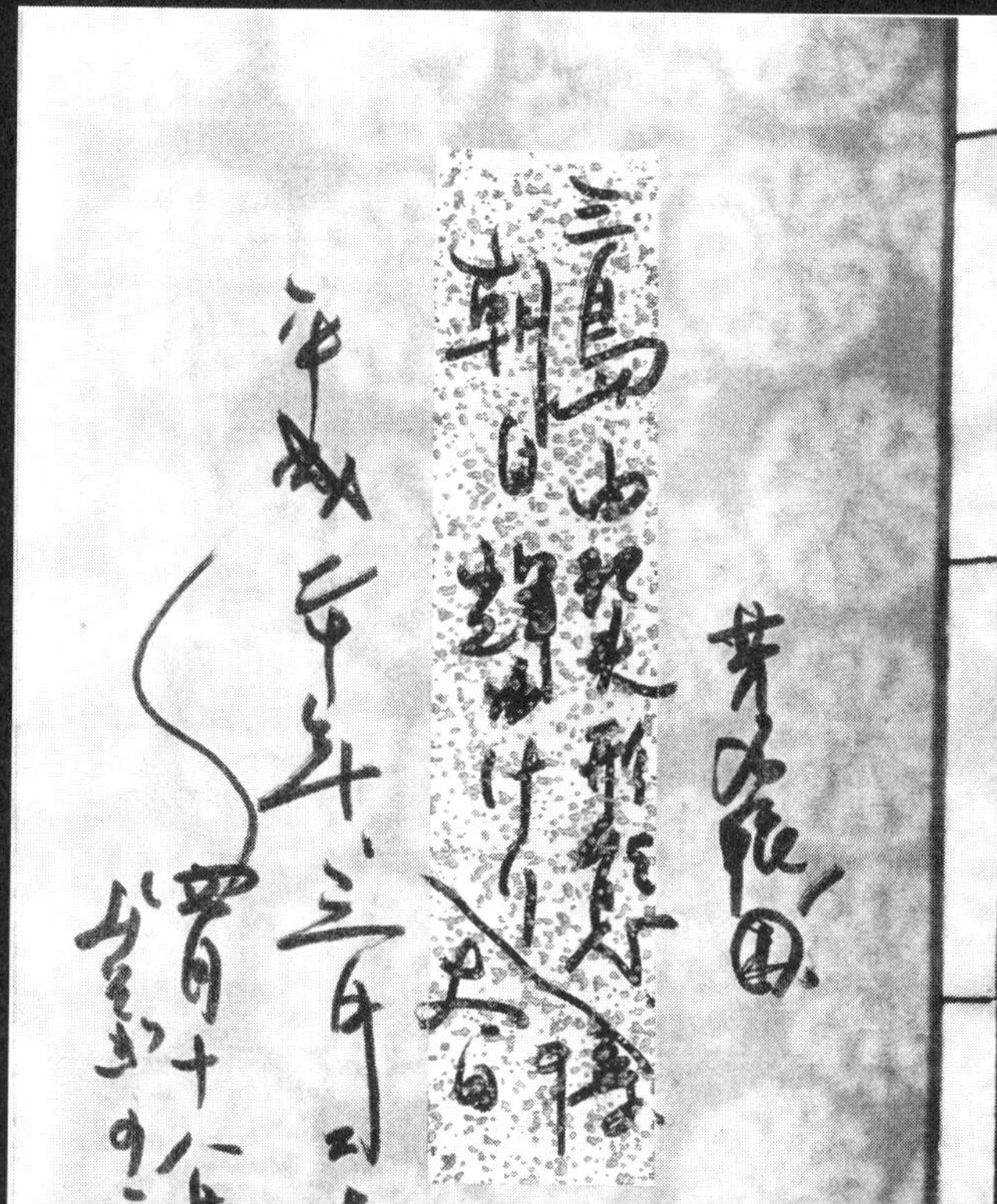

最新の自動書記である『三島由紀夫の〈形態〉朝日輝けり』の表紙
2007年より開始され、合計７冊になる

ました。今は、ハッキリと言えます。良き指導者に拠って断食をし、良き指導者に依り霊力を養う。――これが大切です。霊威があるからと自負して、勝手に霊力を使うと大変なことになります。バランスを崩してしまいます。

## ――サタンさえ自分の子供は可愛いはず。善なる魂の不滅を信じて

ある春のうららかな昼間でした。

「積雪の富士を眺めていると、本当に自分が浄《きよ》められます。真っ白になれます。三島さん……」

私は見えない三島霊に、ひとり語りかけていました。すると、居間の長押《なげし》の上に三島霊が見えて、こう語りかけてきました。

積雪の富士だけでなく、いつも、二つとない、崇高な山だなあ。千寿よ。俺は、富士の如くの魂で、君に交信を送っているのだ。永い間、君は泣かず飛ばずだった。

いつ立ち上がるのか、待って、待って、待ち抜いた。俺の力を借りず、自分で自分の中に流れる、真の人間として生き返る日を待ち望んでいた。

きっと君は、天之御中主《アメノミナカヌシ》に、「人の痛みを知るために、病気を与えたまえ」と祈ったた

め、廃人同様になったのであろう。

しかし、やっとおのれに勝った。莫迦《ばか》な願い事はもうやめなさい。明るく楽しく生きて、自分の幸福も神に祈ることだ。多くの人々が望んでいるようにね。

この破壊が進む、世界情勢をよく見究め、正しき道を、導きのままに歩むことだ。神さえ困惑する世の人の心、残虐な事件。

サタンのいない、正しい人々だけで構成される世界にしていくには、一人では無理。多くの仲間と、そして宗教家と手を結び、素神《すしん》（素の神のこと）の〝一粒の涙〟を知らしめて欲しい。

一粒の涙――親子の情愛には勝てない。どんな獣《けだもの》でも、涙を持っている。子供を殺されたら、悲しむのは当然だ。

優しすぎると、罪になるぞ。良くおのれを磨き、晩年を迎えた君に、淡々と生き、淡々と喜び、淡々と実践していって欲しい。


そう言うと、三島霊は、バーベルを左手で挙げ、スーッとかき消えたのです。

数日後の夕刻、自動書記で次のようなメッセージが送られてきました。

三島由紀夫のメッセージ

何時《いつ》訪れるや　世界平和
善なる魂の不滅を信じて　　三島由紀夫命

子供をめでる母親、父親。
どこまでも愛だけ。
この心を持つのは、人間だけではない。
万物霊長、すべてだ。
サタンさえ、自分の子供は可愛いはず。
いつか来る「恒久平和」
信じてくれたまえ。
二〇〇七（平成一九）年五月二日

# 三島由紀夫霊からのメッセージ②

（『三島由紀夫の続・霊界からの大予言』より）

《氷河期と地球の再生について》

★まもなく地球に氷河期がやってくる。（中略）氷河期のあいだ、この地球は地獄と化す。

（34ページ）

★氷河期がやってくる前に、人々が地球の再生を行なっておかなければならない。核兵器を元の元素に分解し、プラスチックを元の元素に分解し、汚染させたいっさいの環境を浄化し、アスファルトを剥《は》ぎ、土を起こし、木を植え、太陽エネルギーを循環させて、地球の自然を再生させなくてはならない。科学者たちが人々とともに目覚め、一丸となり、再生へと向かうならば、それは間に合うだろう。氷河期はそのあとにやってくる。そうでなくてはならない。

（38〜39ページ）

★一九九九年八月二日、午後六時。この時点で、地球のすべてのバランスは崩れ、人類の危機が来る。そして、その日以降、地球に氷河期が訪れ、霊界の霊たちによって、人類の魂が、他の星に移動させるものと、極寒の地球に残すものとに振り分けられる。

（47ページ。自動書記第二一巻『純霊歌』より）

★愛ある人々の努力によって再生の糸口をつけられた地球は、長い氷河期のあいだに自浄作用を発揮し、いつの日か完全に元の自然な姿を取り戻すだろう。不幸にして氷河期の地球に残されることになった人々の魂は、氷に閉じ込められたままマグマの劫火《ごうか》で焼かれ浄化されるだろう。それは大変な苦しみであるには違いないが、それが救済となるのである。

（48ページ）

**《オリオン星雲に出来つつある新太陽系について》**

★私（註：三島霊）の霊団は、オリオンの新太陽系に新しい神籬《ひもろぎ》をつくり、真秀呂場《まほろば》新世界を繰り広げようと準備しているのだ。神籬とは、神が降臨されるのにふさわしい場所であり、真秀呂場とは、そこを中心にした魂のユートピア、理想郷といえるだろう。

（53ページ）

★このこと（註：神籬づくり）を終えた時、新しい銀河に、私たちはたくさんの種《たね》を持って出発する。複合成したもう一つの宇宙へ、花開く日を夢みて旅立つのだ。輪廻《りんね》の中継ぎ地点にいて、滅びを肯定もせず否定もせず、正しき種子、正しき因子を持《じ》し、二度と失敗をせぬがため、最後の賭けを行なう。新たなる星で、光を汚さぬよう、私たちの仕事は始まる。滅びの因子は消滅させ、愛再来のための因子を手際よく、新しい銀河へ送り続けるのだ。

（53～54ページ。自動書記第二六巻『潮の音日誌』より）

★現在の太陽系宇宙は、オリオンの中の新しい太陽系宇宙へと転生する。その中継ぎ地点が地球である。

（54ページ）

★地球は三千年単位の区切りで、神による〈箱洗い〉が行なわれているのだ。

（62ページ）

★太陽系宇宙の中継ぎ地点。それが地球。そしてその原点にあるのが日本。その中心が富士である。

（55ページ）

**《記紀神話と人間の関係について》**

★この世の男性は、すべてニニギノミコトの分《わ》け魂《みたま》であり、女性はすべてコノハナサクヤヒメの分け魂なのである。そのことに気づき、すべての男性がニニギノミコトになり、すべての女性がコノハナサクヤヒメになれば、この地球は、人類は救われるのだ。（58ページ）

★今の世は、ニニギノミコトとコノハナサクヤヒメの合同体で地球が成り立っている。地球は一個の生命体であり、人間の意識の汚濁《おだく》が、その生命体の滅びに通じる。世界中の人々がニニギとコノハナの愛に目覚めて、はじめて地球は永遠の星になれる。（58ページ）

★天照《アマテラス》は天を、月読《ツキヨミ》は黄泉《よみ》を、須佐之男《スサノオ》は地を治め、それらが一体になったとき、地球は再生する。（65ページ）

**《太陽と月と地球の関係について》**

★太陽、月、地球は、元は三つで一つの恒星だった。（68ページ）

★太陽、月、地球、どれ一つが滅びても、他の二つは滅びる。（66ページ）

この地球は
ニニギノミコトと
コノハナサクヤヒメの
合同体で
成り立っている

自動絵画に描かれたニニギノミコト

コノハナサクヤヒメ

★太陽、月、地球の運命は、銀河系宇宙全体の運命を左右する。（67ページ）

★太陽が水の役割、地球が火の役割で、月は土の役割を持つ。（71ページ）

★月が最初に光を発した、そこが魂の原点である。（72ページ）

★太陽は穴であり、銀河系宇宙の光を吸い込み、その穴から光を放出している。ブラックホールとホワイトホールの関係は、光と影の関係なのだ。（70ページ）

★太陽以外の恒星も、すべて穴である。また地球全体に穴があり、穴からの放出で星になっている。それらのことがわかれば、すべてが救われる。（70ページ）

★地球の運命にとって、月の果たす役割は大変に大きい。（中略）月読命《ツキヨミノミコト》こそ、富士浄化の役割を果たすことのできる神様だ。（178～179ページ）

富士山浄化の役割を果たす月読命（ツキヨミノミコト）
（自動絵画「七転八光興国生来願祈《しちてんはっこうこうこくしょうらいがんき》条文」に描かれたツキヨミノミコト）

## 《真のエコロジーについて》

★土を起こし、田を起こし、花開かせよう。共に歩んでくれ。唯々君たちの使命を思い起こしてくれ。現人類は滅びの因子を消滅させるがために、神の代理人として働きをするが故に生み出された。誇り高き命の種を持って生かされているのだから。

（86ページ。自動書記第三三巻『無題（一）』より）

★土を起こし、水を浄める。これが地球再生の大前提である。

（92ページ）

★優しき心根、健康な身体、自然を慈しむ心、獣を自由にすること、土を元に戻すこと。木による建物の世にすること、菜食生活に戻ること。石油を掘らぬこと、水を清めること、海を汚さぬこと、土にすべての身代を埋めること、土地を破壊せぬこと、山を造成せぬこと、車を走らせぬこと。

足にて歩くこと、ナイロン製品を使わぬこと、綿麻衣をまとうこと、全てもろもろ昔の代に戻ることなり。

（93ページ。自動書記第五巻『まほろばかたらひき』より）

★真秀呂場《まほろば》は、一つには温泉を中心にした心身の安息の場であり、誰でもが寄り集《つど》うことのできるプラザ（広場）であればよい。

（133ページ）

## 《芸術村、美学村の建設について》

★運命共同体で芸術に取り組める人間を、私たち霊団は待っている。

神人形で天孫降臨《てんそんこうりん》、古事記の神々をつくり、芸術村真秀呂場に並べて欲しい。そこに私たち霊団は光を送る。

真秀呂場村には優しさがあふれるだろう。芸術村の結集がそこにあり、二一世紀代に生まれる魂、人間に、二〇世紀の息吹を感じさせることができるであろう。古事記の神々、景行天皇までの絵も描写して欲しい。

西洋医学と東洋医学を合体させ、写真、絵、彫刻、紙人形、文学、もろもろの芸術を結集した美学村の建設を望む。

（131ページ。自動書記第三三巻『無題（一）』より）

★芸術館には救世《ぐせ》の菩薩《ぼさつ》といわれる弥勒《みろく》菩薩を絵や彫刻によって安置しなさい。

（136ページ）

★芸術村には温泉があり、宗教も思想も超えて人々が自由に集まり、休息のできる保養所がある。放し飼いの鶏《にわとり》や馬がいて自給自足ができ、燃料のための炭焼きができる。館があって、そこには人々が本来の魂を描いた芸術作品が並べられていること。（中略）
そこは、神々の光が降りることのできる場所。正しい意味での天孫降臨のできる場所である。

（１３４ページ）

**《神籬《ひもろぎ》とクシロについて》**

★オリオンの彼方に真秀呂場を生み出すために、霊団がそこに神籬《ひもろぎ》をつくろうとしている。（中略）そして、この地上（地球）でも同じように、神のクシロ（註：神の通られる霊光線）で結ばれた神籬に囲まれた空間＝真秀呂場をつくり上げようとするとき、オリオンと地球は引き合う関係になっていくのだ。（中略）つまり、地上に真秀呂場が完成されたとき、地球はオリオンの〈もう一つの真秀呂場〉に引かれ、地球生命の転生が達成される。

（１４８ページ）

★いつでも神が降臨することのできるいっさいの自然物が神籬である。そして神籬とは、宇宙の中心とつながるところである。自然は汚され、人の心は穢《けが》れ、完璧な神籬を持たない不幸が今、地球を襲っている。真秀呂場をつくることが、神籬を再生させるのだ。

「七転八光興国生来願祈《しちてんはっこうこうこくしょうらいがんき》条文の八」に描かれた「真秀呂場王国」のイメージ
地球を再生するために真秀呂場をつくることが急がれる

★地球のミニモデルとしての日本、その地に神籬を再生させ、クシロ（註：神の通られる霊光線）を正しく引き直す。そのためにこそ、真秀呂場をつくらなくてはならない。（中略）真秀呂場がつくられたときに、神のクシロが引かれる。（162ページ）

（153ページ）

★もつれあった神のクシロを正しい状態に戻すことを（中略）〈真実の綾《あや》ほどき〉と呼ぶ。真秀呂場の完成によって、〈真実の綾ほどき〉は達成される。（中略）正しい神のクシロが引かれることによって、人類と地球は救われる。真秀呂場は、そのためにつくられなくてはならないものだ。（150ページ）

★神のクシロが引かれる要《かなめ》は、富士である。富士の中心で、緒《お》が結ばれる。（170ページ）

# 第2章

# 地球は〈サタンの王国〉になりつつある

## 地球に〈恒久平和〉を成立させるための三島霊団の役割

## ●――〈サタン〉の力を封じ込めようとしている三島霊団

少子化の時代と言われ、子供を持たない人間が増えてしまいました。善なる人間は、子供の育つなりわいを見て、成長していくものではないでしょうか。ところが、悲しいことに、この頃では、子供を折檻《せっかん》したり、暴力をふるって殺したりしてしまう人が増えてきました。

なぜ、罪のない子供を傷《いた》めつけてしまうのでしょうか。到底、私には考えられません。おのれの中に、邪悪な霊が取り付いたとしか考えられないのです。

サタンは、邪悪な存在だから、子供の泣き叫ぶのを見て、幸福と感じるのかもしれません。

この章の自動書記では、三島霊から〈サタン〉についての交信が多く現われます。『三島由紀夫の新・霊界からの大予言』にも出て来ますが（101ページ参照）、たとえば、〈サタン〉の役割については今まで、三島霊から次のようなメッセージをいただきました。

サタンにも善と悪がある。いたずら心と好奇心、無邪気な子どもに光を送るサタンはいい奴だ。決して彼らは神を犯さない。神の名のもとに魔のゲームをするのだ。（中略）

地球の愛のために彼らは楽しい夢を見る。いつかきっと、神が完璧に地球を支配するまで、彼らはいたずら心と好奇心を捨てないであろう。

悪のサタンを蹴落《けお》とすために頑張る魔界は、エメラルド色に輝き、まるでかつての地球の冒《おか》されない姿であった。愛に満ちた日が来るまで、彼らは楽しい悪魔でいるだろう。

健気《けなげ》なサタンを見て私はとても嬉しかった。もう二度と汚染されない地球を見るために、彼らと私は闘う。極悪なサタンと……。

(『三島由紀夫の新・霊界からの大予言』84～85ページ)


このように三島霊の言う〈サタン〉とはいったいどういう存在なのでしょうか。インターネットの百科事典『ウィキペディア』によれば、〈サタン〉について次のように説明しています。


《サタン(Satan)とは、ユダヤ教、キリスト教とイスラム教における悪魔。ユダヤ教、キリスト教では神の敵対者、イスラム教では人間の敵対者とされる。地獄(魔界)の支配者であり、すべての悪魔を統《す》べる王である。

本来サタンは「妨げる者」との意味の名を持つ天使だったが、「敵対者」としての意味が重視されだしてから悪魔に変化したと考えられている。

日本で特にサタン（Satan）と呼ぶ場合、悪魔の中でも上位の存在を指す総称として用いられることがある。

サタンは、元々「ルシファー」という名の神にもっとも近い存在の者であり、十二枚の翼を持った美しい天使であった。大天使ミカエルと双子の兄弟（ミカエルが弟、ルシファーが兄）であったルシファーは、天界でミカエルより高い地位にあり、多くの天使を率いていた。

しかしある時から、自分が神より上なのではないかと考えるようになり、神の座を奪うため、自分に賛同する天使達を集めて、ミカエルの率いる神の軍団との戦いを開始する。戦いは長く続くが最終的に敗北し、ルシファーと天使の三分の一は天から投げ落とされてしまう。

その後、ルシファーは地獄（魔界）の王サタンとなったと言われる。ルシファーが神に戦いを挑んだ理由としては、神が天使より人間を上の位置に置いたことに嫉妬したためとの説もある》

三島由紀夫は霊界で、このようなサタンの姿を目撃し、サタンの恐ろしい役割を描き出し、その力を封じ込めるために、様々な闘いをしていると言います。

# 『聖書』に描かれたサタンのイメージ

ルシファーはもともと12の翼を持つ、
美しい天使であった

これから紹介する自動書記は、今の地球がすっかりサタンの手に落ち、サタン化している日常の世界を物語っています。

## ●──地球は〈サタンの王国〉になりつつある

三島霊から送られた〈サタン〉についてのメッセージは次のようなものです。

もし、万が一、〈サタンの王国〉に地球がなってしまったら、どうなるのか？　地球の人々よ。私は貴方がたが、サタンチックに動いているような気がしてならない。サタンに魂を売った人間のなんと多いことか。だから、いろいろな事件、戦争も起きるのだ。

私は憂える。しかし、まだまだ大丈夫。大慈愛に満ちた人間の方々《かたがた》が、まだまだ多く存在する。いらぬ心配はよそう。心配が仇になる。

私の〈形態〉の心は、正しき道を歩むという真理にある。今、宇宙にいて、自分の存在に不信感はない。生前、私は生きる事に不信感を抱いていた。おのれのエゴと、心の迷いに苦しんだものだ。

しかし今は、絶対勝利の道を突き進み、永遠の生命の尊さを喜び、歩んでいる。毎日、憂いながらも、楽しい日々だ。

全知全能の神が、私におっしゃった。

「自分で、自分を救いなさい」と……。

私だけでなく、下界の人々も、おのれをおのれで救ったら、きっと胎内の神、あなたの神が、邪神でなく、〈正論〉の神が必ず助けてくれる。

私は、「さすが全知全能の神のおっしゃることは、正義」と、受けとった。素直に受け入れ、私の側近たちにも教えた。

自分の背後霊、指導霊、守護霊、浄化した先祖霊、守護仏、守護神、みな知っておいたほうがいい。ずっと憑《つ》いているとは限らない。人間が、悪しき心に移行すれば、見捨てて去っていく場合もある。重々、自分を叱咤激励《しったげきれい》して、明るい心で、日々暮らして欲しい。

人々が、おのれの神、そして外にいる神と話せるとは限らない。良き指導者について、おのれの中の神、守ってくださる神のために祈り、行動してくれたまえ。きっと、幸福になる。楽しく生き、楽しく歩む人生ほど素晴らしいことはない。

私が死後、おのれの記憶、大事な記憶を持って、三島由紀夫という自覚で死んだ地球。名残り惜しいが、波動（註：自動書記）は、千寿が死ぬまで続くであろう。

その後も、自分の世界への責任は、果たす所存である。読者諸君、私の言葉を読んでくれてありがとう……。

千寿が疲れるので、今日はこの辺で、語るのを止《よ》す。また次の日でも書記を送ろう。

二〇〇八（平成二〇）年五月十日　三島由紀夫

## ●――自殺はサタンに魂を売ってしまった人の行為

しばらく三島霊からの交信はストップしたままでしたが、数日後、自動書記がまた始まりました。

千寿を少し休ませようと思ったが、まだ書いて欲しいことがあるので、右手に入った霊として書こう。

皆さん、次に掲げる言葉は、私の、あくまでも私の考えである。

「三島由紀夫は神であった」などと、夢々考えないで欲しいのだ。が、私は、神から選ばれた人間であることは、まちがいない。

こういう前置きで、三島霊がまた語り始めました。私も、「なるほど」と思わずにはいられない文章なのです。

人間とは、どんな業《ごう》にも、決して負けないで歩むこと。おのれを信じ、神仏を信じ、「他を許さず、許して」——どんな人々にも思いやりを、決して忘れず歩んでいくこと。悪い国に対しても、時にはほめてあげよう。
「許さず、許す。許して、許さず」いけば、〝決しておのれに、乱れを知らない人生〟となるのだ。

この言葉を三島霊からいただいて、私は簡単ではないことだと思いました。「許して、許さず」という心境は、神の御心と同じように感じました。
また三島霊は、こうも言われます。

愛とは、不完全なる完璧。

難解で、私にはわからないのですが、「人間も完璧でない人が多いから、それぞれ道があって楽しいということだろう。それゆえ、不完全でもよい」ということかしら……。と、なんとなく解釈しました。
もしも、おのれを愛せないのなら、死を選ぶことになってしまいます。たとえ、愛せていても、自殺に走る人もいます。なにかに憑依《ひょうい》されてであろうと、私は考えます。ましても、昨今の日本では、あまりに凶暴な事件が多すぎます。日本ばかりではなく世界でも……。それはサタンか、サタンの化身かなにかに魂を売ってしまった人たちの行為だろうと思うのです。また、

唯一、原爆投下された日本、
もっと、しっかり地に足をつけて、平和を語るようになって欲しい。

とも三島霊は言います。

「争い」が好きなサタン。地球が「サタンの王国」に変わるのを防ごうとして、続けざまにメッセージを送ってくる三島霊。私は、その真意について考えてみました。人間は「本物の男」そして「本物の女」として生きることが大事で、その目標は「愛」と「和」、そして「地球の平和」ではないでしょうか。

三島霊のメッセージにある「愛とは、不完全な完璧」や「許さず・許して」のテーマは、「愛」と「和」であり、「地球の平和」とつながります。男は強い存在であっても、家の中に女がいなければ、安らぎを味わえません。しかし、「不完全な男」と「不完全な女」が、

愛の花を咲かせれば、二人一体で「完璧」となります。これが「不完全な完璧」ということでしょうか。

また「許さず・許して」は、対立する概念の〝融合一致〟を表現しており、「和」や「平和への道」と思われます。「罪を憎んで、人を憎まず」に似ていますが、「本音論・建前論」で言えば、「本音では許さなくても、建前では許す」という態度が「平和」につながるのかもしれません。一方、「許す」と「許さない」の二元論では、対立するばかりで、「争い」を呼ぶでしょう。三島霊によれば、悪い国でも、ほめてやれば、良い方向に動いていくとのことです。

## ●――本物の男になるための羅針盤

サタンについてのメッセージが頻繁に送られる一年ほど前、三島霊は、「男と女」の生きていく指針のようなものを送ってきました。以下に、「男の死に様、生き様に語りかける」と題して、二〇〇七（平成一九）年に送られてきた自動書記を紹介します。

俺と俺を信ずる人たちのためだけに語る。

男の心理の中には、人それぞれあるが、自分という産物を、どこか遠くに置いて考える人と、おのれの中で、おのれしか見ない人とに分かれると思う。おのれの中は、おのれですべて分かると、勘違いしている人がいるが、俺の生前にもそういう人が多くいたと思う。

俺は、おのれ自身を、自分だけがわかることだとは思っていなかった。おのれの中のおのれと、いつも戦いながら生きていた。

おのれの弱さ、邪霊が憑依《ひょうい》していることもわからずに、発狂人生を送ったのか、と思っていたが、神に死後お会いして、「サタンを牛耳ることができ得る人間にするために、俺の『人生のパズル』は与えられたのだ」とも言われた。

「そうか！　そうなんだ！」

今、懐かしく回顧する。

市ヶ谷占拠（註：一九七〇年一一月二五日の陸上自衛隊総監室占拠のこと）は、なにもかも狂っている人生に終止符を打ち、今、淡々と世界を見渡す。

男とは、女を守る存在。生きるためには目標が大事。大いなる野望は、神のために持つこと。

あなた方、男性は、本物なのか？

俺は、前にも言ったかも知れないが、本物の男の〝羅針盤〟になってあげよう。

きっと、船が太平洋を渡る時の快感が、さわやかに感じられる男の方たちに、まだ期待を持っている俺だ。

二〇〇七（平成一九）年二月五日　三島由紀夫

## ●――「女の主体・習性を知る、俺の哀しさ」

次に、やはり二〇〇七年二月の自動書記で、「女の主体・習性を知る、俺の哀しさ」と題した、三島氏のメッセージを紹介します。

《「泥臭い女性」から脱皮する方法》
泥臭い女性、泥臭くない女性。
この世の果て、あの世の果て。
おのれを幸福と思えない女性が、私に言わせれば「泥臭い女性」のこと。
女性の習性、男性の習性――ほんとうに違うのであろうと思う。
いろいろな女性を生前見てきたが、一部の女性に腹立たしさを感じたことがある。
女性諸君、いや男性諸君も、一回、天文学を読んでみたら？　いかがかかな？
星、銀河、果てしなく広がる宇宙……。

地球だけ良ければ、良いのですか？　諸君？

日本だけ見れば、良いのですか？

心を閉ざさず、宇宙の美しさを信じて勉強した分、きっとくだらないことに、腹を立てたりすることがないと思う。

さあ、両の手を広げて、私はあなたたちの手助けをしましょう。幸福を求める、善なる女性、男性の！


二〇〇七（平成一九）年二月吉日　三島由紀夫

## ●――「真秀呂場《まほろば》づくり」に目覚め、始めた霊的修行

三島霊が私に降臨した初めての頃、私は、⦿マーク（註：岡本天明の自動書記『日月神示《ひつきしんじ》』に現われる国常立神《クニトコタチノカミ》のマーク）について考えたり、『秀真伝《ほつまつたえ》』（註：宇宙の開闢《かいびゃく》からアマテラス神朝、景行朝までの歴史的な出来事や、それにまつわるエピソードが歌われている。著者は出雲系の大物主櫛甕玉命《オオモノヌシクシミカタマノミコト》と大田田根子命《オオタタネコノミコト》といわれる）という古史古伝書、そして神の道に関しての書物などを読み漁り、勉強しておりました。

大本教《おおもと》の分裂後、世界救世教の創始者となった岡田茂吉先生と、世界真光《まひかり》文明教団の教祖・岡田光玉先生の新宗教の教団などができました。その教団で神道を修行していたある

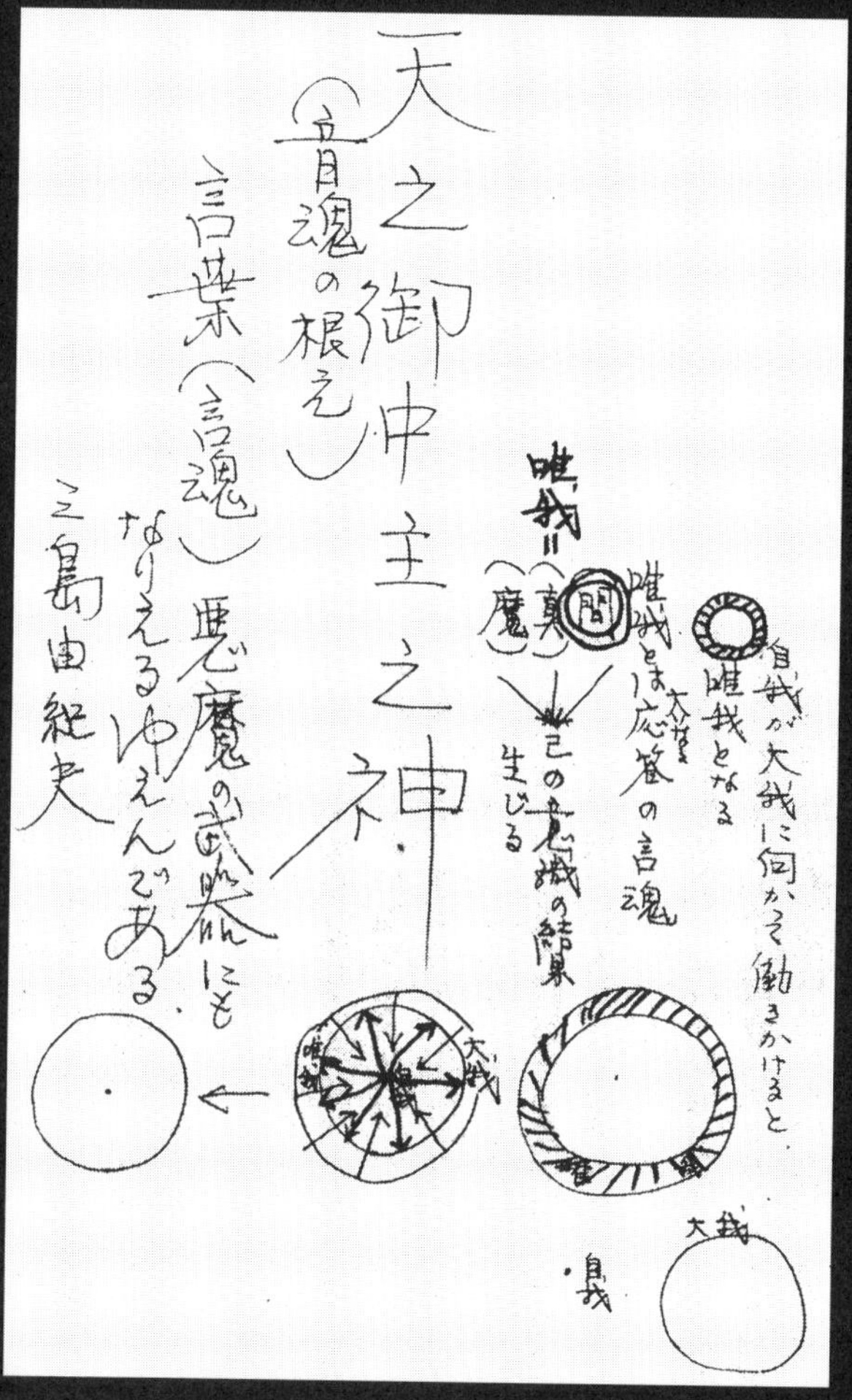


自動書記に現われる「天之御中主神」の原理
自我が大我に働きかけると、唯我になるという

女性教祖の存在を知り、私は弟子入りしたのでした。

その方は、「祓《はら》い給え、清め給え」と必死に信者とともに祈祷する教祖でしたが、私はある種の疑問を感じてやめてしまいました。

その後、世界情勢を見て、さまざまな非常事が起こるのは、天の神が、地上の状態を正しく把握されていないからではないかと考え、新聞に報じられる様々な「日本の大事件」を神に伝えてみようと、私はひとり考え、声に出して、神に交信したことがあります。

声を出してではなく、新聞記事を眼で拾っていけば、神に、今の世界情勢を知らせることができるかも知れない。また、心で祈れば、天の神に、子供たち、大人たち、万物の声が聞こえるかも知れないと、毎日ひとりで考え、ひとりで行動し、娘と息子を犠牲にし、ようやく神と対話できるようになりました。

三島霊も、きっと元は神なのでしょう。〈神人一体、神人合一《ごういつ》〉——これが、三島霊がいちばん言いたかったことなのだと、今、三十数年交信してきて、わかったのです。

しかし、私は、仏教のことも学ばなければ、人を救うことはできないとひしひしと感じ、先述したように、神奈川県の横須賀市にある荒立千体不動尊のもとで二一日間の断食修行を行なったのでした。

また、幼い子どもたちと共に、二十代からいろいろな霊場を回って、修行をしました。

「真秀呂場《まほろば》づくり」を始めなければと、子供たちには何も言わず、神社巡りをしたこともあります。

私の仏教体験は日蓮宗から始まりました。神体験は、天照大御神《アマテラスオオミカミ》から始まり、後に全知全能の神であるエホバ、イエス・キリスト、マリア、ヨハネ。ギリシア神話の神々であるアルテミス、アポロン、ゼウス。イスラム教の神であるアラー、マホメット。インドの教父ガンジーや、キリスト教の聖人であるマザー・テレサ等々、いろいろな神仏や霊とも交信ができるようになったのです。

マザー・テレサが現われたのは、私が三十代の時でしたが、生霊《いきりょう》の姿で憑《の》り移り、外国語が私の口から止まらなくなったのを、自分の意志で切りました。それはそれは大変でした。

マザー・テレサさんは天寿を全うされましたが、お身体が悪いのに、みんなに延命祈願されて大変と思いました。初めての交信があったときは、お疲れのようでしたので、私は彼女の延命は祈りませんでした。亡くなられたとき、私は、その死を深く悼みました。

死後、もう一度、マザー・テレサさんの霊が私に現われました。そのとき、「私の最後は、〈アーメン、ハレルヤ〉と、静かに祈りながら散っていきました」と、マザー・テレサの霊が私に囁きました。

## ●──「妹よ！」と声をかけて現われた三島霊

三島霊は自分がヨハネであり、アポロンであると、私に言っています。アポロンといえば、ギリシア神話に出てこられる太陽神です。

三島さんの生前の作品に『太陽と鉄』というのがありますが、この作品は、誰かに書かされていた作品と思い、私はまだ読んではいません。三島作品で私が、最後まで読んだのは、『花ざかりの森』、『仮面の告白』、『剣』、濫読ですが『豊饒の海』などです。

いつまで生きることができるかわかりませんが、私が死ぬ一年前には、『朝顔』『煙草』などの初期の短編作品や『音楽』など、先ほどの『太陽と鉄』その他を、三島霊の指示どおりに読もうと思います。

これまでの著書にも書きましたが、三島霊は、「私の兄」だとしばしば言います。私が、三島由紀夫、本名は平岡公威の妹・美津子という名前の妹であるということを……。

少し記憶があるのです。夏になると、よく蝉採りをしてくれた、兄である三島由紀夫こと平岡公威との思い出。それは脳内に流れる映像で見ました。

私が一九四五（昭和二〇）年一〇月一七日に享年一七歳で亡くなった美津子さんの生まれ変わりかどうかはわかりませんが、三島霊は、初め、宇宙船に乗っていて、私に、「妹よ！」と声をかけて現われたのです。その映像はいまだにはっきりと見えます。

しかし私が、美津子さんであろうとなかろうと、三島霊は私に対して、兄のような尊敬できる文章を常に送ってくれます。読者の方も、死後も使命感だけで送ってくる三島霊の優しさを知ってくだされば幸甚です。

さて、私は霊言を書くときは、文章だけで、また霊や神とお話しするとき、そして如来《にょらい》界の状態を見るときなどは、映像を見て、正しい判断ができるようになりました。料理や洗濯そして掃除など、日常の営みなどもしっかりできるようになりました。

私は仏教の勉強がまだまだ未熟です。いいえ、永遠に未熟者で終わるでしょう。法華経の何たるかや、密教の〈阿頼耶識《あらやしき》〉、〈唯識《ゆいしき》〉など、いろいろ学びたいのですが、もうすぐ六三歳になります。でも、私は、三島霊を〈同行二人〉として、命のある限り、神仏にお仕えしたいと思っております。

これからも三島霊はメッセージをどんどん送ってくるでしょう。

## ●――三島霊はノストラダムスのいう〈別の者〉、恐怖の大魔王

三島霊は、霊界全体を闊歩《かっぽ》しています。ひとっ飛びで宇宙に帰還できます。以前、ノストラダムスが「一九九九年に地球は滅亡する」と予知していました。その際、「別の者が

救うかも知れない」という言葉も残しています。私は、三島霊は「その別の者の使者」ではないかと思うのです。しかし、他に「別の者」の存在がいるかも知れません。そこで、三島霊に聞くと、

「君が死んだら教えてやる。恐怖の大魔王がいかに恐ろしいかはね……」

と、そのとき、答えてくれました。

そこで、私は当時の心境を述べました。

「女ですから、恐怖はいやですよ。これ以上、地獄を味わいたくはないです。やっと、この五年、淡々と生き、喜びも苦しみもみな、子供たちや友人と味わえるようになり、遊びを持てる人間に成長できたのですから。

三島さん、どうか、この安息を続けさせて。そして静かに命を閉じるとき、『幸福だった』と思いながら、死んでいきたいのです。神仏のお手伝いを永遠に、死後も続けたい。よろしくお願いします」

そう私が言うと、三島霊は優しくほほえみ、赤いシャツで拳をつくって、

「ジャン・ケン・ポーンと頑張るか、千寿」

と言いました。

私が「まだ子供のようだ」と、三島霊は思っているのでしょうか。「ジャン・ケン・ポ

ーン」だなんて。孫娘とジャン・ケン・ポーンをしたことはあったかな？　ずうっと張り詰めて生きてきたから、そんな記憶もおぼろです。そうなんだ、「間《ま》を持て」、ということなのだ。遊び心が必要と思いながら、私はあまりにも必死で、余裕が今まで持てなかったのでした。

「遊び心、そう、それが足りなかったのだ。ありがとう、「三島さん」

そのときは、そう、心で祈りました。

## 時どき現われる日蓮上人の霊

神のお手伝いは、私にとって苦しくはありません。しかし、地獄の世界を味わわされた恐怖で「私は普通になりたい」と悩んだこともあります。その心の中を読み取ったのか、三島霊は居間の和室の長押《なげし》の上のほうに静かに、いつも南の方角に向いて棒立ちになって、私を見ているだけの日が何年も続いたのです。

今、住んでいる横須賀市M町のアパートに来て、はや五年になります。引っ越した当時は、三島霊を何度も拒否しました。どん底の地獄を長年味わった三島霊の、「死後の世界」の恐ろしさにつき合わされるのが嫌さに、その頃は逃げ回っていたのだと思います。

先ほど、私は仏教の勉強がまだまだ未熟だと申しました。しかし、仏教の「法華経」のことを念ずるとき、日蓮上人の霊が現われることもあります。日蓮上人の霊はこう言われました。

「逃げてはいけない。初発から苦しみを味わったあなたは、痛みに耐えられないのですね。私が必ず、死後、あなたがなさった霊界探訪の補助をしてあげます。

今から、死体より離脱することができるかどうか、不安にならないでください。自然に行くところに行くのです。大乗仏教、小乗仏教、神道、キリスト教、いろいろあるが、私の仏教であなたをお救いしましょう。

私を信じてくださって、ありがとう。必ず霊界探訪をしましょうね。

『立正安国論』は命を懸けて書いたもの。私（註：日蓮のこと）は、傲慢ですね。しかし、この傲慢がなければ天照皇太神は挫《くじ》けていたと自負しています。

しっかり、千寿さん。日蓮もの申す、神社仏閣、みな、よろしと……」

日蓮様にこう言われた私は、次のようにお答えしました。

「日蓮様、いろいろありがとうございます。私の悩みは、死後、肉体は滅びて、魂として〝良き所〟に行けるのか、不安でした。

私が言う〝良き所〟というのは、次のとおりです。神仏に仕え、祈りと行動で、神々を守護できるようにしてさしあげたいこと。疲れを知らぬ青春の日の肉体を、魂だけでなく持てること。必ず霊界探訪の補佐をしたいのです。阿弥陀如来様に、前世でできなかった誓いの橋渡しを御報告申し上げたい。

まだまだいろいろとあります。観音のごとく生きたいと願った日もありました。でも今は、一人間、一霊能者の太田千寿で、永遠にいたい。私の故郷の星に帰りたい。読者の皆様も、死ぬのが恐いと思っていらっしゃる方が多いのではないかと思います。よろしくご指導ください」

このように日蓮上人に、私は答えたものの、頼み事ばかりで申し訳ないと思いました。とは言え、日蓮様にまで、交信できるようになって私は幸福です。

日蓮様がお酒飲みであったと、私は人づてに聞きました。人の話では、日蓮様は恋愛に敗れたのち、お坊さんになったとか。本当のところは、日蓮様は「答えられない秘密」と、おっしゃいました。

その日は風が強く、あたかも神風が吹いているようだと、外にゴミ出しに行って感じとりました。

さて皆さん、いつか必ず、地球温暖化の後、何かが起きて地球は氷河期になるそうです。

それは、まだまだ先のことです。戦争のない恒久平和が必ず訪れます。皆さん、それまで一緒に祈りましょう。

# 三島由紀夫霊からのメッセージ③

（『三島由紀夫の続・霊界からの大予言』より）

《善と悪の魂の選《え》り分けについて》

★サタンの罠で地球は一杯だ。サタンはどろどろした汚れが好きである。それを見ると心が落ち着き、楽となる怪物である。汚れたヘドロを平気で食らうけだものである。サタンに心を売った地球人類が、三分の二もいるのである。

（23ページ。自動書記第五一巻『勇力日誌（一）』より）

★火の洗礼、大地震、大津波、そして氷河期と重なる、地球の終末のときがやって来る前に、魂の選り分けを行なって、必要な生命の因子を、一時的に太陽系外のある惑星系へと運ぶことになるのである。

（37ページ）

★神の行動計画

悪は悪、善は善、善と悪と両方持ち合わせた人間。この三つに分類するはずである。

（中略）「善」「善悪」「悪」の三つにすべてを分ける。「善」は神に選ばれた魂として、オリオンの新太陽系へ移そう。「善悪」は〈おためし〉される魂として地球に置きとめ、終末の時に「善」と化していれば、新太陽系へ移そう。「悪」はこの地球上で絶滅する魂として、終末の時にも、そのまま地球に残しておこう。

（38ページ。自動書記第四五巻『花の乱舞』より）

《オリオンに生まれる新しい太陽系について》

★人類が地球再生へと向かうことなく、再生不可能な限界値まで地球を汚染し続けた場合、地球再生は神の手（宇宙的な自然力）に委《ゆだ》ねられ、地球は一時的な氷河期を迎える。その間、再生後の地球文明を担《にな》うべく選ばれた人々（および他の生命）が過ごすために、移住先の星として、オリオン星座に新しい太陽系が誕生している。

（39ページ）

★現在の太陽系は、もしこの世の終末が来るなら、オリオンの三つ星の彼方に生まれた新しい太陽系へと転生《てんせい》をとげる。そのために、地球の〈蘇生因子〉が、その宇宙の彼方の地へと運ばれるのだ。無事、〈蘇生因子〉の運ばれた新しい太陽系では、〈魂《たま》選び〉された生命が勢ぞろいして、新たな〈この世〉の展開が始まるのである。

（41ページ）

善なる魂は、オリオン星雲の彼方にある「地球の弟星」に移動するという

★一九九九年を契機として地球に大破局がやってくるが、太陽系は丸ごと別の太陽のもとの惑星系（オリオン星雲の彼方に新たにつくられている新しい太陽系）へと再生をとげ、そこで地上天国の建設が行なわれる。その壮大な宇宙生命移住計画の担い手が三島霊団である。つまり〈別のもの〉である。

（59ページ。自動書記第四五巻『花の乱舞』より）

## 《環境破壊を守ることの大切さについて》

★動物も植物も鉱物さえも、みな意識を持っている。宇宙のしくみをわかって欲しいものだ。結局、プラスチックでさえも、地球の自然の産物なのだ。

蘇生因子を拾うには　あまりにも物が豊かにあり過ぎて、手がかかる。早く古代のロマンを思い起こして再出発して欲しいと願うのは、おせっかいであろうか。……急げ、ゴミの山を片付ける科学に徹底せよ。

（44ページ。自動書記第四七巻『月明りの章（一）』より）

★私たちに残された唯一の可能性、そのテーマは、〈地球のヘソ＝富士山〉を抱えた日本が日本として甦ること。〈世界の雛形《ひながた》日本〉が自らのアイデンティティを回復すること。そうして、地球に自らの霊体との連動を回復させること。

具体的には富士が象徴している自然環境を精一杯守り、また富士が象徴している日本文化を精一杯守ること。

（52ページ）

★とうとう、科学者たちが本当のものごとを捉えなければならない最後の時が来た。炭酸ガスの増加、オゾン層の破壊、すぐにも氷河期を誘発する状況に達する。大気は地球の天然のオーラなのだ。この天然のオーラが健在なうちは、炭酸ガスが増えようとも、オゾン層が破壊されようとも心配はない。

が、環境破壊の速度は、地球の回復速度をはるかに越え、天然のオーラの極度の汚染と破壊をもたらした。生命的な危機がさし迫っていることを、地球ははっきりと知った。地球は間もなく、あらゆる大地から火を吹き上げ、固い氷で身を閉ざし、一切の生命活動を停止させて、長い年月を回復の時として過ごすのだ。

（72ページ。自動書記第五四巻『勇力日誌（四）』より）

★代置エネルギーの開発も大切には違いないし、いろいろな防止策を講じることも大切だけれど、本当にやらなくてはならないことは、地球の生命活動を直接助けることだ。それには君（註：太田千寿）が考えているように、緑の木を増やすこと、それ以外にはない。世界的な規模での大植林計画を進めて、人類一人一人が猛然と木を植え始めたと考えてごらん。やがて地球は緑に包まれて、息を吹き返すだろう。そんなこともできない人類ならば、やはりおしまいになるしかないのだ。これが結論だ。

（74～75ページ）

★緑の木を地表いっぱいに溢れさせること。それは、どんな科学技術を用いるよりも、確実に急速に大量に、炭酸ガスを酸素へと転換させる方法にほかならない。また森林面積の拡大は、樹木が貯える水の量を増やして洪水を防ぐ——つまり蒸発と降雨の繰り返しである循環する水量を調節し、水への制御力を強める。結果として、温室効果はなくなり、異常気象を発生することのない、クリーンで安定した、天然のオーラ＝大気をつくり出す最良の方法なのだ。

（75ページ）

**《三島霊団の基地「月内の空洞」について》**

★汚れても汚れても、月だけは汚れない。私（註：三島霊）は今もそう信じている。……月の空洞の中には、宇宙人が日夜、忙しく働いている。……月明かりのオレンジ色は、宇宙人の色の象徴である。

　夢々、宇宙人がいないなどと酔言を吐かないほうがよい。

（98ページ。自動書記第四八巻『月明りの章（二）』より）

★三島霊団は、月内空洞の基地から、地球人類の一人一人の体内に、ある特殊な光線を送っている。（中略）それは、サタン界に人類が牛耳《ぎゅうじ》られないための必要なコントロールであり、三島霊団の現時点での主要な仕事の一つなのである。

（１０２ページ。自動書記第四九巻『大和のひしめき』より）

**《北斗七星の役割について》**

★北極星を北斗と南斗が支えるという配置が〈天の形〉である。地球の地軸を北斗七星が支えているが、もはや支えきれない状態となっている。

（１１０〜１１１ページ）

★危うき今の世になり果てたのは、すべて悪の権化《ごんげ》の人間のためだ。……大宇宙が怒る所、グレート・ディパー（註：大柄杓《ひしやく》。北斗七星のこと）の危機を知らせている。焼けつくような灼熱《しやくねつ》で焦《こ》げていく北斗七星、私（註：三島霊）は必ず守る。

（46ページ。自動書記第四五巻『花の乱舞』より）

★北斗七星は、もう地球の軸を守りきれないと、金星に報告した。金星が光るのも、もうあとわずかの時であろう。北斗七星がバランスを失い、オリオンの星座をゆがめたら、もう一つの地球天国になろうとしている弟星も絶望だ。因子が足りないのだ。

（１１３ページ。自動書記第五一巻『勇力日誌（一）』より）

★地球危機による北斗七星のバランス喪失の危機は、そのまま振動となって、他の宇宙へと伝わり、あちこちの銀河系に大きな影響をもたらしている。（中略）

この宇宙的なバランスを回復するためには、少なくとも数年以内に地球環境の再生を果たすか、あるいは逸早《いちはや》く地球に氷河期を到来させ、死の星と化すことなのである。そのため、人類を含めた地球上の生命の存続を放棄し、早急に地球を死の星と化すことを希望する声が、宇宙には圧倒的に多い。

（１１４ページ。自動書記第五一巻『勇力日誌（一）』より）

**《太陽系惑星の秘密について》**

★多くの銀河が泣いている。地球一つのために、こんな苦労をしなければならないのかと。だが、大宇宙創造神は「地球の箱を大切にしろ」という。そこに住む三分の一の人間のために、最後の賭けをなさろうとしている。

（１１４ページ。自動書記第五一巻『勇力日誌（一）』より）

★いまだ地球に「善」なる魂を持った三分の一の人間がいる以上、ごくわずかにせよ地球再生への可能性がある。その可能性のある限りギリギリまで待とう、というのが大宇宙神の意志、つまり自然そのものの原理なのである。

三島霊団はそのため、私たち人類に対して盛んに地球再生へ向けての働きかけを行ない、同時に並行して、再生不能を見越し、太陽系全体をオリオンの新太陽系へと転生《てんしょう》させる準備を進めている。

（115〜116ページ。自動書記第五二巻『勇力日誌（二）』より）

★太陽、月、地球の運命は、銀河系全体の運命を左右する。

（130ページ）

★月が最初に光を発した。そこが魂の原点である。

（130ページ）

★最初に巨大な恒星《こうせい》としての月があり、それが太陽を生み、地球を生み、他の太陽系惑星を生んで、最後に核だけが残った月となり、当初はブルーに輝いていた。

（130ページ）

★月は古代、ブルーに光っていた。その色の何と美しいことか。あたかも淡い湖の鼓動のようであった。今は石と化してしまったが……。

（130ページ。自動書記第四八巻『月明りの章（二）』より）

## 《三島由紀夫の前世について》

★人こそ知らねど、我（註：三島霊）、悪なり。悪を知りて善を知りたる霊魂なり。神はその〈綾《あや》ほどき〉をなされた。ありがたきことかな。悪の悪、悪の悪こそ、今、救いを求めているなり。我の綾ほどきの宿命は、前世にあり。

我、アトランティスの最後の王（註：ガランティ）なりき。脳交換手術を行なわせた悪王なりき。神よ、許し給え、我の悲しき性《さが》を……。

（139ページ。自動書記第四八巻『月明りの章（二）』より）

★私、三島由紀夫は二十年かかり、夜叉《やしゃ》の道を捨て去ることができた。あれは、磯部浅一《いそべあさいち》（註：二・二六事件を起こした青年将校の首謀者）の憑依《ひょうい》で、二・二六事件の将校たちの真の命のほとばしりを垣間《かいま》見ながらの行為であった。

（147ページ。自動書記第五五巻『勇力日誌（五）』より）

★磯部は夜叉王《やしゃおう》となった。地獄の奥深くまで体験した。だが、御魂《みたま》はいっさい汚れなかった。私のよき側近だ。今は私を支えてくれる大切な御魂だ。

（１９３ページ。自動書記第四九巻『大和のひしめき』より）

★混沌《こんとん》とした世の中のために、『古事記』は書き換えられねばならない。今、世の中は偽りの『古事記』の流れによって侵《おか》されている。

現存する『古事記』の三分の一は事実であるが、後はその時代によいようにアレンジされているのだ。……真実の神々は、もっと明るく陽気で崇高であった。……神々がいかに崇高な御魂であるかを、剣《つるぎ》にかけて楯《たて》となり、私はすべての人に知らしめたいのである。

（２１８ページ。自動書記第四五巻『花の乱舞』より）

《サタンの役割について》

★サタンにも善と悪がある。いたずら心と好奇心、無邪気な子どもに光を送るサタンはいい奴だ。決して彼らは神を犯さない。神の名のもとに魔のゲームをするのだ。（中略）いつかきっと神が完璧に地球を支配するまで、彼らはいたずら心と好奇心を捨てないであろう。

悪のサタンを蹴落《けお》とすために頑張る魔界は、エメラルド色に輝き、まるでかつての地球の犯されない姿であった。愛に満ちた日が来るまで、彼らは楽しい悪魔でいるだろう。健気《けなげ》なサタンを見て私はとても嬉しかった。もう二度と汚染されない地球を見るために、彼らと私は闘う。極悪なサタンと……。

（84～85ページ。自動書記第五一巻『勇力日誌（一）』より）

# 第3章

# 悪霊《サタン》を退散させるための「霊的訓練法」

誰にでもできる神仏による霊的訓練と修行法

## ●――神から与えられた「人生の地図」を実行する前に

――人が人を愛し、相手の立場になって、物事を考えてあげる。支えあい、相手を尊重し、〈愛、博愛〉でさわやかな息吹を送ってあげる。動物も愛護し、生きて活かされて、日々を送る。目的意識を持ち、信じ合い、罪がある場合、一度は対決しても許すことによって、必ず他者は改心すると考えて、生きてゆこう――。

そのような姿勢で、これまで生きてきましたが、なにせ女の身、「手弱女《たおやめ》」といつか誰かに言われました。そう、これも三島霊からでした。

手弱女では生きていけない現実世界です。強く忍耐し、日々、祈り、行動しなければなりません。私の中に邪悪な存在がいたとしても、それに負けない強さを持とうと念じました。

神様に、三島霊にその他、善なる存在に、二〇〇八（平成二〇）年五月一三日に誓いました。

三島霊の言いたいことは、「大宇宙森羅万象《しんらばんしょう》の恒久平和」であると思います。

私にでき得るかぎり、神仏、宇宙善なる神仏の協力を得て、純粋な魂で、三島霊のなそうとする使命に協力したいと思いますその日、はっきりと私の〝人生の地図〟が、全知全能の神から降りてきたのです。人生の地図は、長い回り道をする場合もあれば、早道を発見できない場合もあるでしょう。しかし、必ず神より与えられた〝人生の地図〟を実行したいと思います。

もう私は若くはありません。晩年のような気さえします。それでもやはり、慎重に〝地図〟を拾っていこうと考えます。早いか遅いか、〝人生の地図〟をいただいた他の方々も、競い合って生きていきましょう。

喧嘩はダメです。争いではなく、オリンピックのように競い合いましょう。お互いに競い合うことによって、おのれが向上することになるのですから。

私がこのように書いていたら、三島霊が次のように言ってくれました。

よく目覚めたな。
つらくとも、哀しくとも、負けない強さを持て。それには、多くの人の賛同が必要だ。正か否か、何事も期待するな！　そんな事をしても始まらない。
心と心で信頼できる人々と共に、強くなれ。

三島霊は、いつもと違う強い口調で、私に指導してくれました。

皆さんも、神仏や三島霊が働けば、世界は平和の心に動いていくと信じてください。

## ―修行の第一歩は、もう一人の自分と向き合う「他力本願」

この章では、私が神仏より教えていただいた「修行の第一歩」を紹介させていただきます。もちろん、三島由紀夫霊も霊界で、この一歩より高度な修行をしております。時折、そのシーンを垣間見《かいま》て、「大変！　私にはとてもできない」と思いました。私が神仏の指示どおり、怠る時もありましたが、行なったことや考え方も書き綴っておきます。

《修行の第一歩》（神仏より）

おのれの中に、もう一人の自分という「他力」を置き、その「他力」でおのれを高めていくこと。

独り瞑想し、おのれの中に「邪心」があるかどうか――清廉潔白な「他力」＝もう一人の自分に訊《き》くこと。

他の力を使って本願するのは、その他それぞれ弱さを持つ人々がやることである。それも良し、とする。人それぞれ、器も霊感力も違うのだから。

釈尊善神の考えた「他力本願」とは、もう一人の自分と向き合うことである。

「天上天下唯我独尊《てんじょうてんげゆいがどくそん》」――釈迦如来の言葉である。

おのれをしっかり持ち、無意識の間に入ってくる邪神邪鬼、邪悪な霊（死霊、生霊）は、「悪鬼退散」、「邪鬼退散」、「生霊退散」、「サタン退散」と、三回以上、心の中で唱えること。

ねたみ、そねみ――この心は、悪に等しい。人を羨ましいと思うことも罪になる。

人間様も罪を犯して生きている。知って犯した罪と、知らずに犯した罪とどちらが重いか？

知らずに犯した罪のほうが、神仏は「重い」と言う。責任が取れないからだ。知って犯した罪なら、責任が取れる。

時には、頭を空っぽにし、休ませるようにすること。空っぽの間に、邪が入ることもあるので、眠る前、「邪が入らないように」と念じて寝るとよい。そうでないと、修行者はバランスを崩すのである。無意識の間に、邪が乗る場合もある。くれぐれも用心すること。

## ●――心身ともに活発にさせる「四魂一霊《しこんいちれい》」を整えよう

神道で、人間の魂を提起すると「四魂一霊《しこんいちれい》」になります。「四魂」とは、〈荒魂《あらみたま》、直日魂《なおひたま》、幸魂《さちみたま》、奇魂《くしみたま》〉のことです（註：荒魂、和魂《にぎみたま》、幸魂、奇魂を「四魂」とする説もある）。状況に応じて、これらの一つが活性化して、問題を解決します。

四魂が統合されて霊性を示し、人格（一霊）を形成します。「荒魂」は荒々しく破壊的なパワーです。「荒魂」の持ち主は守護神や変革者となります。「直日魂」は心身の穢《けが》れと病いを消滅させてしまう元気の源です。「幸魂」は周囲を幸福《ハッピー》にし、平和《ピース》をもたらす魅力があります。「奇魂」は他人と違って個性的で独創性《オリジナリティ》に満ちた魅力があります。

四魂一霊が整うと、人間は心身ともに活発になり、冷静に他からの波動を受け入れたり、悪しき霊を外へ出すことができます。

私は毎日、修行の中で、この「四魂一霊」を整えることを心の中に入れておくよう、神に言われましたので、しっかり自分の中の霊魂が、今、どのように成り立っているか調整しようと思っています。

さしずめ、今の私の「幸魂」は一〇〇パーセント、「荒魂」は二一パーセント、「直日魂」は五一パーセント、「奇魂」は九一パーセントでしょう。「四魂」のそれぞれが、一〇〇パーセント、一〇〇パーセント、一〇〇パーセント、一〇〇パーセントとなるように、おのれに言い聞かせ、日々を送ることが大切です。

皆さん、これらのことが大事です。四魂次第で自分の人格が変わってくると、神はおっしゃっています。

## ●──左脳（思考力）と右脳（直観力）をバランスよく整えよ

邪道を歩いていくと、人は邪悪な者となります。しかし、自分が邪道を歩いていることを知らない人間が多いのです。知らないから反省もしません。

「人間は感情の動物」と言いますが、他の存在も感情があることも事実です。人間ほど勝手な動物はいないと思います。地球のありとあらゆる産物を食べて利用して、恥ずかしいことです。私もその中の一人。なるべく質素に生きていこうと思います。

しかし、他の存在を食べるとき、使うとき、感謝で供養して、食用すれば、神仏は許してくださるとのことです。

ここで、三島霊から、次のようなメッセージが届きました。

おのれの精神を統一するには、生半可《なまはんか》な精神ではできない。おのれの中に、知らずに眠っている「邪」を取り除き、瞑想し、おのれの中の「純粋な魂」だけで、純化するのである。

眼を閉じ、左脳（思考力）と右脳（直観力）を、バランスよく整え、統一するのだ。

時には、右脳も左脳も、空っぽにしておかないと（無意識にならずにだが）、統一は難しい。寝る前から寝ている間だけである。夜、寝る前に、必ず脳の中を空っぽにすると思って寝ること。

脳を休めることによって、心身の統一は自然にできるようになる。直感力が強い人ほど、寝る前、脳を空っぽにして休めることが必要である。

時々、右脳がどのくらいのパーセントを占めるのか、調べたほうがよい。修行が進めば進むほどにわかるようになる。

右脳一〇〇パーセント、左脳一〇〇パーセント、大脳・小脳の伝達機能・伝達作業がうまくいくように、精神統一は必要である。

両手を上下に振ってから統一すると、スムーズに精神統一＝無我の境地に至る。最初から無我の境地になれるはずもなく、徐々におのれを高め、高級霊とコンタクトできるようになると、統一はたやすくなる。

## ●――苦しみを越えて「聖人」になれ

このような三島霊からのメッセージを受けているとき、柔らかい別の声が聞こえてきました。

聖人となるためには、神仏の〝お試し〟があり、痛みも苦しみも、どん底を味わう場合がある。神仏が、どんな苦境に陥ろうとも、忍耐できる強靭な心身をつくるためにとの〝お試し〟である。

どんなに苦しくとも、耐えねばならない。この人間は、どこまでやるか。必ずやがて聖人となる者の心の中も、言葉も、正しい神仏はお聞きになる。苦しみが多いほど、やがて聖人となる者が〝高度な魂〟を持つことができるという証しである。

慈愛の心を持つのが、聖人。魔と闘うのが聖人。魔と闘うためには、ひとつの隙も見せてはならない。いつも気張れ、ということではない。魔（悪）は去ると、常に自分に言い聞かせることが大事である。

二〇〇八（平成二〇）年五月二二日

天照皇太神より、太田千寿へ

読者の心ある方に（三島由紀夫も参加）

以上のように語るのは、天照皇太神と三島由紀夫との合体霊ということがわかりました。

天照皇太神のイメージ
（天照皇太神は三島霊と合体して降臨する）

## 「先祖供養」には正しい判断力が必要

悪霊と善霊を見極めるのは、非常に難しいことです。

成仏《じょうぶつ》できない先祖が、供養してほしくて、痛みを味わわせる場合もあります。気がついて供養すると、痛みが薄れます。因縁を浄化すれば、守護してくれることになります。

悪霊は、どんどん人に憑《と》り付いて病気にします。これでもか、これでもかと、やって来ます。生きている悪霊は、生きて肉体を持っているだけ、その痛みは強いものとなります。

あの紫式部が書いた『源氏物語』の「葵の上」の巻に出てくる六条御息所《ろくじょうのみやすどころ》の生霊がそうです。光源氏の正妻・葵《あおい》の上《うえ》に憑り付いた六条御息所の生霊は、病に苦しむ葵の上に強い痛みを与えました。

常におのれを浄化していなければ、悪霊と善霊との区別は困難です。

そのための先祖供養は大切です。良き指導者というか、自分に合った人に供養をしていただくとよいでしょう。

私も、ようやく先祖供養や水子供養の指導、善霊・悪霊との対話、守護神・守護仏・指導霊、その他の見究めができるようになり、人々の背後についている霊を、浄化することができるようになりました。

言うまでもなく、先祖がなければ、私たちは存在しません。ご先祖のお蔭で生命があるのです。しかし、中には悪い先祖もいます。そういう時は、永代供養をしたほうがよいでしょう。

## 神社・仏閣における礼拝の注意点

さて、正しい修行を高めていくと、自然と正しい霊に守られ、気配を感ずることができるようになります。

ひー（一）、ふー（二）、みー（三）、よー（四）、いつ（五）、むー（六）、なな（七）、やー（八）、ここの（九）、たり（十）、もも（百）、ち（千）、よろず（万）。

あー・うー・あえいおうー。（伸ばして唱えます）

悟りの境地を知るには、右の数霊《かずたま》が大切です。声を出さずに、心の中で唱えます。

ところで、塩は古くから神事に使われる大切なものです。清め塩といいます。塩に天照皇太神、その他、善神の力とパワーを入れることが、私に許されているので、パワーを入れて差し上げられます。こうすると、塩で霊性が高められます。

仏教は、心強く感じられるものですし、神道は静かな心になれるものです。

しかし、神道の祝詞《のりと》は難しいものです。仏教もいろいろと教えがありますが、それぞれ難解です。

古くから聖者は、祝詞や経典を大切にし、今もってなお大切にされるのは、祝詞は祝詞、仏教の経典は経典で、正しいもの、正しくないものそれぞれに、聖者と神仏の息吹が通っているからでしょう。

修行者は、常に奉仕の精神を持たねばなりません。神仏は、善なる人々を導いてくださるが、報酬を求める人間が考えた神仏は、邪気が少々入っているかも知れません。

おのれを清めて、邪がつかぬよう、神社仏閣にお参りしたほうがよいのです。「お参りに行く人の念も、神社仏閣についてしまう」と、仏教の開祖・釈迦如来がおっしゃっています。

自分より低い霊がついた場合、取るのに大変です。知らずに身体を痛め、病気になる時もあります。縋《すが》って知らせてもわからないとき、そのようなことが起こります。

## ●――神仏には〝聖なる心〟で向かおう

鳥居をつくり、神社に閉じ込められている神々に、「申し訳ありません」と、謝罪の心を持たねばなりません。それを喜ぶ正神もいらっしゃいます。心の広い神々です。

神社参拝にしても、自分の霊性が高められ、眼を閉じ、中にどういう神が祀られているかを見究められるようでしたら、どこでも安心してお参りできます。

お正月の初詣《はつもうで》は楽しいものです。子どもたちが大変喜ぶ行事です。善き神が祀られている神社やお寺に行ったら、「神仏様、いつもありがとうございます。これからもお導きください。お守りください」と唱えれば、きっと幸福になれます。

自分の家でも、神様、仏様に自分の心の中を正直に語りかけると、聖人となれる者には、次々と奇跡が起こります。

神様がどれほど、善なる人間と万物を愛してくださるか——それはとても言葉では言い表わせません。お導きは常にあるのです。

聖なる心、聖なる人生、聖なる子育て。敵に対しても、いつも聖なる心で臨みましょう。

## ——崇神天皇霊から教えられた霊媒体質と霊障の真実

人間は人間、動物は動物に転生《てんせい》するのが、いちばん幸福なことなのです。人間が動物に転生すると、人間であった頃の記憶が少々残っているため、とても苦しいということです。

私は三〇代の時、崇神《すじん》天皇の霊から、次のメッセージのように教えられました。

ちなみに、たびたび現われる崇神天皇という方は、第一〇代の天皇に当たり、三輪山の大物主神《おおものぬし》の祭祀を行なったり、各地に一族を派遣して平定させたりしました。その後、一族の建波邇安王《たけはにやす》の反逆等もありましたが、国内をまとめて、初めて国を治めた天皇として讃えられました。

崇神天皇は霊界においても重要な任務をお持ちになり、三島霊団を指導されています。


痛みに耐えられなければ、真の修行はできない。悟りを開いていくと、徐々に痛みはなくなる。

霊媒体質の方のほうが幸福なのだ。どこにどんな霊、どんな病気があるのか、はっきりしているからだ。


霊媒体質でないと、霊がとりつき、そのままその霊の病気が移り、病気が根づき、霊の作用で、本当の病気になってしまい、取り返しがつかなくなることもあるそうです。

霊障とわかったら、早く除霊すれば元気になれます。霊自体も感謝しながら、その人の手助けをするようになります。

霊なくして、人間は存在できません。「心は魂・霊」であると、崇神様、天照皇太神様が教えてくれたのです。

## 釈尊の「東方に光あり」という告知通り出現した日蓮

新しい仕事を始めるとき、修行者は〈禊《みそぎ》〉をしたほうがよいと思います。おのれの心と身体を、塩で清めて、おのれの中の邪気を全部、放出し出発するのです。

また、開運を図るには、神仏に頼むことが何よりです。そのご託宣を受けられる霊能者がいるのであれば、指導を受けられることをおすすめします。

釈尊は、現世利益《りやく》を求めたりはしませんでした。釈尊は育った王家を捨て、一人、孤独の旅をして、十大弟子とともに学び悟り、「午後の時」を予知したのです。

しかし、現世利益を求めねば、奉仕の生活をできないのが、今の世の中でもあります。末法の今、世界の流れは釈尊の予知したとおりに進行しています。ゴータマ・ブッタ（釈尊の本名）が、永遠を信じたのは確かでした。文献に残っていることは正しいと思います。「天上天下唯我独尊」――釈尊はこの有名な言葉を、どんな心で言われたのか、実のところを知りたいと思います。

釈尊は自らの入滅後（死後）、五六億七千万年後の未来に、弥勒菩薩《みろくぼさつ》が姿を現わし、多くの人を救済すると予言されています。それを「弥勒の世」ともいいます。また、「東方に光あり」とも言われています。

確かに釈尊の言うとおり、歴史は動きました。ほんとうに釈尊はすごい聖人です。あわせて日蓮上人も立派な方です。日蓮上人は、釈尊の「東方に光あり」という告知どおり、何千年後かに実際に日本に出現したのでした。日蓮上人は生前、欲もなく、「寺もいらない。名利もいらない」と言ったといいます。

しかし、人間は弱い存在です。何か形がないと、心配なのです。曼荼羅《まんだら》も正しいものと正しくないものがあるでしょう。真の曼荼羅は釈尊も日蓮上人も知っているはずです。

**有るから無い。無いから有る――それが唯物である人間の正しき導き方である。**

と、お二人は私に言われるのです。

釈尊の霊が私に憑《の》り移ると、バランスを崩してしまいます。日蓮上人のときも同じです。このようなとき、このお二人の強烈な波動を、淡々と対処しなければなりません。「おのれの中に神仏、座《いま》せる」と、毎日、祈り、行動し、規則的な生活を行なうことにより、初めて「祈りの正統」とも呼ぶべきものを知り得ることができます。これにより、バランスが崩れなくなり、元気が出て、楽しい日々を送れるようになります。

日蓮上人は、釈尊の後始末をするためにお生まれになったと、天照皇太神からお伺いしました。確かにそうなのでしょう。日蓮上人の書かれた『立正安国論』を読むと、私の中の五臓六腑《ごぞうろっぷ》が小宇宙になったような気がします。

憂国の予言者である日蓮上人と三島由紀夫氏。三島霊は、「五臓六腑は小宇宙なり」というメッセージを送ってきたことがあります。

## ●――人間と万物の〝正しい関係〟とは

しばらく降りてこなかった三島霊からの交信が、この年（二〇〇八年）の五月になって再び始まりました。

人は、「万物霊長」のトップにいる。傲慢にも！　それが、大きな間違いである。
謙虚に人間であることの感謝を忘れず、神仏と共に歩む人生であって欲しい。
人は人。動物は動物。植物は植物。それぞれ霊魂を持っている。
魂の禊《みそぎ》をせねば、駄目人間になってしまう。
人間は、動物・大自然を守るために創造された動物である。
動物は、滅びる時は滅び、復活する時は復活する。神の御心のままに動いてくれた。

数日後、人間や動物の霊感についてのメッセージも送られてきました。

霊感のない人はいない。それぞれパーセントは違うが、人間も動物も、みんな霊感はある。

霊は魂、生きている存在。すべてに霊が宿っているのだ。

霊感が常に高すぎると、身体と心が疲れる。生命に眠りがあるということは、「霊力を休めなさい」という、神様の私たちに対する〝思いやり〟である。

霊に願ったり、頼られたりは、ケース・バイ・ケースだ。

## ●幽体離脱して視えた中国の大仙人

先述したように、私は物心ついて四歳のときから、〈幽体離脱〉した経験があります。

イザナギノミコト（伊邪那岐命）やイザナミノミコト（伊邪那美命）の霊が現われ、ピンク色の雲に乗せていただき、天上界を垣間《かいま》見せていただいたことがあります。

そしてやはり、四歳の頃、中国の大仙人である東王父《とうおうふ》に、幽体離脱してお会いしました。

中国風の切り立った岩山の頂に、仙人はほほえんでお座りになっていました。

イザナギノミコトはカラー、東王父はモノクロでそれぞれの映像が見えたのです。

霊感の強い人は、修行を重ねればみな霊能者になれます。導きと守りがあれば、時には休息もできます。でも、私は無理せず、ひた走ろうと思います。神のために、生きて生き抜き、いつも使命を忘れず、ひた走ろうと思います。

そのような意識で過ごしていたある日、また三島霊からの交信が入りました。

何もかも自分の思いどおりになると思ったら、大きな間違いである。昨今、人間は、自分のエゴを他におしつけている。反省の色もなく、考え違いをして生きているから、神仏も怒るのである。神仏を、これ以上、苦しめるな！　と言いたい。

おのれの得となる時だけ、神仏を崇め、後は放置である。そのため、神仏が人間につくられたのが宗教である。

戦争は二度とあってはならない。しかし、太古の昔から争いはある。サタンの存在があるから。そこから原因があって、果《か》（戦争）なのだ。

二〇〇八（平成二〇）年五月一五日　三島由紀夫命

## ●――サタンと対決するときの意識の持ち方

深いことは教えていただけないが、確かにサタンが消滅しなければ、「恒久平和」は来

襖《ふすま》に描かれた自動書記 ――イザナギ（右）とイザナミノミコト

ないと考えられます。

神様は争い事を好みません。優しく、強く尊い存在です。もしかして祀《まつ》られている神の中にサタンがいるのかもと懸念している私です。

「花の命は短い」とよく言われます。千年杉の寿命を考えると、人間の一生も短いものです。命は尊く、生きて生き抜いて、神仏のお手伝いのできる人間になりたいものです。

私は下僕《しもべ》でいいと思っていたのですが、下僕では、神の言うままにおのれを持たないロボットになってしまいます。やはり、下僕だけではいけないのかも知れません。

神がサタンに疲れ、お苦しみのとき、叱咤激励《しったげきれい》して差し上げるには、下僕だけではいけません。自分の意見をしっかり持ち、仕えなければいけないと思いませんか。

「下僕風情《ふぜい》に何ができる？」

と、サタンが私に訊いたことがあります。

「なに？　負けない！　そんな言葉に！」

サタンは恐ろしい怪物です。絶対、私ひとりでは対決できません。皆様も「サタン、退散」と祈ってください。

みんなで祈れば、きっと退治するパワーが勝るはずです。絶対、サタンに負けないようにしましょう。どんな手を使ってきても、神がきっとサタンを消滅させてくださいます。

## 人間を操《あやつ》る悪霊との対決に勝つ方法

次に紹介するメッセージは〈サタン〉に関する、一年ほど前の自動書記からです。

悪霊は、高級霊までだまし、人間を操《あやつ》る。そして、自分の思いどおりの女性・男性にしてしまう恐ろしい悪霊もいるのだ。

そういう魂が、自分が悪霊であることすら知らずに、人間に憑《と》りつくから、夢々、悪霊に憑りつかれないようにしよう。

行を高めていくと、悪霊がいかにあるか、憑りつくか、自然にわかるようになる。

良い人だったのに、急に憑依《ひょうい》されて、悪者になることは人々も知っているはず。

生霊《いきりょう》は、肉体があるだけに、強い波動で善人を苦しめる。生きている人の霊を、生霊という。永遠の生命の尊さを知っていれば、どんな生霊にも勝てる。

あまり深く考えすぎても、人は疲れることになる。生霊に対処できる力を持とう。

霊媒体質の人は、身体と心が、相手の波動に悩まされるが、自分さえ強くなれば、相手の悪いところがわかる。それゆえ幸福であり、霊能を強くするための〝神よりの贈り物〟が〝霊媒体質〟なのである。

霊媒体質で霊感がないと、霊に憑りつかれていても、本人の自覚がないので病気となり、苦しく重い作用が身体を包むのである。

人はみな、霊媒体質かというと、違う。サタンは、霊を信じないかというと、そうでもない。

長年、神の子の真似をしてきているので、霊感が働く人（サタン）もある。

霊媒体質の器で、相手の身体を診るのもよいであろう。おのれが向上する第一歩として始めるのもよい。

相手に、「ここ痛いの？」と訊いて、何回も行ない、自分の霊力をアップさせていく。そうなるには、いろいろな修行を、良き指導者について行なうとよい。

神は、霊力を悪しき事に使わなければ、必ず霊力をコントロールしてくださる。

何者にも負けない精神力と統一力を身につけるには、「おのれの中に、善なる存在だけがいる」と、想念することである。

おのれであって、おのれのない時が、悪霊やサタンに操られている時だ！

悪に負けないおのれをつくるには、常に静寂な心になれるよう、努力することである。

負けてもよいのは、神様を通している存在、善なる仏様だけにであろう。

大自然を見渡せばわかるように、果てしない〈愛〉で満ち満ちているではないか。太陽、花、草、木、土、海、風、空、山……。どれをとってもだ。

霊能の強い人は、必ず心のどん底を味わわされることが多い。それも神よりの試練。甘んじて受けてみよう。

逃げたくなる者も、時にはあろう。だが、みんな使命を持たされて、地上に降りてきているのだから、どんな試練にも負けず、明るく生きていこう。

二〇〇七（平成一九）年七月一七日　三島由紀夫・受動　太田千寿

## ●――悪霊はサタン化して、人間界に戻って来る

それから二ヵ月後の九月に、また三島霊からメッセージが届きました。

人の痛みを受けて苦しいとき、善なる神と交信している霊能者に、気を入れてもらうとよい。必ず、原因を突きとめて、結果を出せる霊能者にである。そして、驕《おご》り高ぶらない、奉仕の精神を持っている霊能者に巡り合うと信じることだ。人間、謙虚が一番。

霊が話しかけてきたとき、何度も何度も、良い霊か、悪い霊か、霊査する必要がある。

悪い霊は、人を操ったり、苦しませる。霊界にいる良い霊も、悪い霊に操られ、サタン化して、人間の元に来る場合もある。

なにしろ慎重に話さねばならない。〈御霊返《みたまがえ》し〉もできないなら、霊と話すことは危険である。魂が来たとき、どこに戻っていったらよいか悩むであろう。

人間に憑依《ひょうい》する霊が、人間の霊だけとは限らない。動物霊の場合もあるのだ。

疲れている時は、霊と交信しないで、頭を休め、身体も休めたほうがよい。それには、絵を描いたり、花の手入れをしたり、料理・掃除・洗濯などをしたりするのもよい。

物事に没頭することにより、霊も諦め、自然に離れていく。

なにしろ、霊魂とは慎重に付き合うことである。

二〇〇七（平成一九）年九月一三日　三島由紀夫

## ●――自分の純粋さを保って、悪霊を見究めること

続いて一ヵ月後、三島霊から前のメッセージの続きが送られて来ました。


悪霊と善霊を見究めるのは、非常に難しい。

おのれを無我の境地に徐々に持っていくこと。おのれを高めていき、静かにおのれの中の汚れを捨て、穢れのない赤子の如くに、自分の純粋さを保つこと。おのれを研《と》ぎ澄ますこと。

人に何と言われても、挫《くじ》けず、穏《おだ》やかに真理の道を歩んでいけば、悪霊と善霊、そして善神と悪神の区別ができるようになる。

二〇〇七（平成一九）年一〇月二四日　　三島由紀夫命

さて、三島霊は、この章で「霊性を高めるための訓練法」の基礎を、具体的な形で教えてくれました。神様、ご先祖様、善霊、悪霊、そしてサタン――相手により対応の形が異なりますが、三島霊のアドバイスは、いつか役に立つことでしょう。

恐怖で体が震えてしまうサタンとの対決。次章では、三島霊が「地獄体験」を語ってくれます。今でも謎とされている、三島由紀夫の割腹事件。三島霊は「死の真相」を自ら告白することによって、私たちに警告を与えてくれるのです。地獄に落ちた三島霊は、厳しい修行を経て、神より使命を与えられました。その使命とは何か？　「サタンは消滅すべきだ」と宣言する三島霊。その理由は、次章で明確になります。

# 三島由紀夫霊からのメッセージ④

（『三島由紀夫の霊界通信・宇宙創世と命の起源』より）

《月の光の再生について》

★宇宙の流れは、刻々と変化する。大自然の命の響きが、星の光に微妙に影響を与えるのだということを、あなた方に解っていただくことが、私、私たちの大宇宙より与えられた使命だ。
（2ページ）

★我らは、ハレー（彗星《すいせい》）を船とし、帆を上げた。
（16ページ）

★月の光再生の役割を果たすのは、ハレー彗星である。
（46ページ）

★神々は、石になってしまった月をもう一度、鏡にしたいと考えている。もう一度、発光体に、光の鏡にさせたいと考えている。
（46ページ）

★月の光、土星を求めて、ハレーとなる。（46ページ）

★ユダヤは黄人《きひと》。ユダヤ民族は、月星人の成れの果てである。（46ページ）

## 《ハレー彗星の役割について》

★光なき世界を「氷の剣《つるぎ》」（ハレー彗星）は、突き進む。「語らずの沼」に成り果てることを恐れて、氷の剣は摩擦《まさつ》の旅を続ける。

氷の剣の帰巣本能は、数多くの星の犠牲のもとに行なわれる。故郷を偲《しの》び、己れの原点を求める本能が、氷の星の魂なのだ。

地球上で生命危機論を唱える者たちにとって、これも危機の一つに数えられている氷の剣——ハレー彗星。

だが、氷の剣はまた宇宙生命の原始の担《にな》い手《て》でもあることを、人は知っているのだろうか？

（203ページ。自動書記第二二巻『無感同の中で』より）

★白黒の等分を均等にするため、智慧《ちえ》ある星、〈王家の星〉を守らんがため、大いなる戦士ハレーは、氷の剣を振るう。

（２０４ページ）

★太陽は剣の星にその目を突かれ、手を切られ、宇宙の繰り返しの中で、太陽の目が滅びるのは何度目だろうか？　バランスだ。繰り返しだ。そうやって宇宙も再生を重ねるのだ。

（２０３〜２０４ページ）

**《ハレー彗星の正体について》**

★『旧約聖書』に登場している「ノアの箱舟」――その正体は、ハレー彗星なのだ。（中略）

僕はかつて、ハレー彗星を「氷の剣」と表現し、「宇宙生命の原始の担い手」だという通信を送ったことがある。ハレーは、生命の因子を宇宙にふり撒いている。言うならば、ハレーは「生命因子を運ぶ船」なのだ。

因子とは、遺伝子と考えてもよい。（中略）「箱舟」の中に、人間だけでなく、動物のあれやこれやを選び、地球生命を存続させるために、必要な因子を持っていったわけである。（中略）因子を拾って、重大な種《たね》を収納した船が、「ノアの箱船」である。

この因子とこの因子を持っていけば、またハレー彗星が来る時に、この因子を落としてあげる、地球にばら撒いてあげる。だから生命は永遠なのだ――「ノアの箱船」の物語は、これを象徴化したものである。

いざとなった時に、地球に生命を与えるために、神々が計画したのが、「ノアの箱船」、すなわちハレー彗星だったわけだ。（２０８〜２０９ページ）

★ハレーが到来すると、災害が起きるとかいって恐れているが、ハレーは新たなる生命のために、地球の「箱洗い」に来るのだと言うことを、よく認識してもらいたい。
ハレーは、地球の因子のバランス調節に来るのだ。（２０９ページ）

**《太陽のコロナの役割について》**

★炎に燃えている太陽コロナのリング――このコロナが重要な役割をしている。あのコロナというのは、あなた方、人間、宇宙人、ことごとくの存在が、霊界に昇る橋になっている。
あの橋を、みんな渡っていく。誰もが必ずこの霊界の橋を突入しないと、霊界へ行けないようになっているのだ。いわば、霊界の第一関門。

太陽コロナのリングというのは、四次元のホールである。（中略）前は、もっと渡るのが楽だった。火の状態ではなかった。けれど、今は非常に危険な状態で、あそこは炎と化し

ている。（中略）
ハレーがあのコロナを潜《くぐ》ったら、もうお終いである。ハレーは完全に溶けてしまう。
（２１１〜２１２ページ）

★ハレーがどこを中心に、軌道を回っているかというと、あのコロナが中心なのだ。だけど、ハレーは相対バランスで、そこにどうしても突入できない状態である。宇宙を〈陰と陽〉、あるいは女性原理と男性原理でたとえるなら、太陽は〈女陰〉で、ハレー彗星は本来、〈男根《おとこね》〉なのだ。かつては、精子としての因子を太陽に落としていく役割を、ハレーがしていた。ところが、現時点で、ハレーは完全な男ではなく、つまり〈陽〉ではなく、〈半陰陽〉になってしまった。
太陽のコロナがまだ、あのように火と燃えていなくて、素晴らしいリング、〝愛の橋〟であったとき、あのコロナは、男根・ハレー彗星に対して、女陰、つまり陰部の役割を果たしていたのである。かつて、ハレー彗星は、あそこを求めてセックスを、大いなる宇宙のセックスを行なっていたのである。

ところが、今やコロナは、火のように、炎の如くになってしまった。これでは、相対バランスからいって、ハレーが行ける状態ではない。

だからハレーは、彷徨《さまよい》の漂流の旅を続けているのである。太陽のリングを求めて、一対のリングを求めて、ハレーは「悲しい漂流者」となって、今、滔々《とうとう》と流れている……。

（212～213ページ）

★ハレー彗星は、月が光を閉ざした時に、〈月の船〉となり、流浪《るろう》するようになった。ハレー彗星は、本来の役割として〈陽〉であり、〈陰〉である太陽に接近し、精子を放出している。

（109ページ）

《大宇宙と五臓の仕組みについて》

★ヤマトとは、大宇宙の根元因子を、三分の二含む大切な場所である。あとの三分の一は、世界のすべての上に、入り組んで含まれている。

私、私たちが、今、あなた方に言える、たった一つの重大なことは、〈想念転換〉をするべきであるということである。

地球、太陽、そして月、そして他の銀河系……、切り刻んでことを考えず、すべてが〈バランスと調和〉で成立しているのだというところから、発想・観念を持っていただきたいということだ。

（40ページ。自動書記第三七巻『シオンの丘に思ひをはせて』より）

★五感の振動を大宇宙の星に置き換え、五臓の仕組みを銀河系の惑星に当てはめ、子宮の仕組みを太陽の再生にたとえれば、人間は人間以外の何者かに支配され、生かされていることがわかるはずだ。
（222ページ）

**《惑星それぞれの役割について》**

★土星のリングは「戦士の輪」である。土星というのは、戦の役割をしているのである。土星のリングは、ハレー彗星と符合形態している。（中略）

土星は剣《つるぎ》で、土星のリングはハレー彗星の息吹《いぶき》を受けて、精子の固まりとなっている。土星全体はリングを固めて、なんとか軌道修正をしているのだ。（中略）

土星は、今もかつても、あの氷の輪を砕《くだ》いて、核戦争を起こしたがっている星である。（中略）ウランの出所は土星なのだ。
（216ページ）

★木星は、輪廻《りんね》でいうと完全に「剣《つるぎ》」という役目を持つ。木星は、「剣」の役割形態をしている。（中略）木星は「剣」という因子を持っている。これは「草薙《くさなぎ》の剣」の役ということである。「クサ」と「ナギ」という言霊《ことだま》・音霊《おとだま》の中に意味がある。
（215ページ）

★天王星はなぜ横転しているのか？　あれは、メビウスリングの成れの果てなのだ。（中略）海王星グループが、天王星を引っくり返してしまった。（中略）天王星は、宇宙から眺めると楕円型をしている。卵型である。これが呼吸すると、勾玉《まがたま》。（中略）五臓六腑《ごぞうろっぷ》と惑星の関係でいうと、「天王星」は「胃」に相当する。「胃」は、もう一つの脳でもある。

（222～224ページ）

★さて、僕は、木星が「草薙の剣」で天王星が「勾玉」の役目をしていると言った。太陽は「鏡」の役割をしている。剣・玉・鏡——これで「三種の神器《じんぎ》」がそろった。三つ。三つで一つ。

（224ページ）

★海王星が、ウランの出所ではなくて、ウランの出所は土星。土星のウランを持って、地球に降臨したのが、海王星の王だ。（中略）

海王星の衛星の状態から推測されるように、海王星は爆発している。ウランを持って、海王星の中で、核戦争を起こして、海王星の王が地球に降臨してきたのである。

現在、海王星グループが、地球で非常に暴れている。海王星グループはウランという核を持って、地球に降臨しているから、どうしても核を使用したがる。この海王星グループの動きを止めないとまずいことになる。
（216ページ）

★海王星は現時点では、他のグループとは一対になれない、たった一つの孤独星である。土星からの元素のウランを持って、核の原理でもって、地球を全部、爆発させようとして来たのが海王星グループなのである。だから、宇宙で、この海王星グループが力を持つと、核戦争が勃発する。

そこで、僕たちは今、一生懸命に彼らを「孤独の星」に置いているのである。
（220ページ）

★冥王星といのは、〈愛の言霊〉の宝庫だ。言葉がなぜあるのかといえば、冥王星があるからなのだ。音の始まりであり、言霊の発祥の地。（中略）
「初めに言葉ありき」と語った洗礼者ヨハネは、冥王星から来たのだ。
（228ページ）

**《地球の創生の起源について》**

★宇宙の根源的なエネルギーである流動《るどう》。〈螺旋《らせん》〉の「ら」、そして「る」の動き――これを「ら動」と呼ぶことにしよう。

「ら動」によって生まれる星雲。宇宙の星雲の中から、地球が生まれてきた。つまり、地球の創生の起源は、星雲の「ら動」から始まったのである。

星雲の「ら動」を『古事記』の言葉で表現すれば、アメノヌボコ（天之沼矛）の働きとなるだろう。アメノヌボコの働きとは、「ついて（1）」回して、「ついて（2）」回して、「ついて（3）」回して、「ついて（4）」回して、という、縦横運動・円運動・遠心力のことである。渦巻き星雲や鳴門《なると》の渦潮《うずしお》、そういう感覚でとらえていただければ、わかりやすいだろう。

（72ページ）

## 《南十字星と日本神話の関係について》

★銀河の果てから流れて来て、地球へ来るべくして来た意識。南十字星より始まるイザナギ（伊邪那岐）とイザナミ（伊邪那美）の青い「ら動」は、シリウスへ、次に金星へ、そして地球へと流れてきた。この宇宙意識は、猿人の「脳下垂体」に付着し、ある元素を使って、遺伝子の因子を、次から次へと変化させていったのである。

（151ページ）

★南十字星は、爽やかな霊気で充満していた。イザナギとイザナミは、アメノミナカヌシ（天之御中主）の音霊《おとだま》により、生みなされた一対の〈勾玉《まがたま》〉であり、〈宇賀玉《うがたま》〉であった。

決して離れることのない糸で、お二人は結ばれていた。

十字星で三貴子（天照《アマテル》・月読《ツキヨミ》・須佐之男命《スサノオ》）をお生みになり、太陽へ天照姫、月へ月読命、地球へ自分たちの美を、鏡の如く描写するがため、天之御中主の御啓示で須佐之男命を降臨あそばした。

（94〜95ページ。自動書記第三三巻『無題（一）』より）

★「ら動（龍動）」によって、イザナギとイザナミが生まれ、再び、「ら動」の中で「イザナギとイザナミの分身」である「ツキヨミとアマテラス」が生まれた。（中略）
地球に最初に誕生した肉体神が、スサノオだった。そしてスセリヒメ（須勢理姫）が誕生した。

地球が出来た頃、地球は白い気体で包まれていた。その白い流れ、それが白龍《はくりゅう》だった。白龍の次に青龍《せいりゅう》が、その次に赤龍《せきりゅう》が生まれてきた。

（97〜98ページ）

★現在、オリオンの向こうにある、地球の弟星《おとうとほし》が、ちょうど神々の時代の、星雲の状態になっている。地球が生み出された頃と同じ〈愛の輝き〉を持った状態になっているのだ。
（中略）

誰もが、ツキヨミとアマテラスになれば、またイザナギとイザナミになれば、万が一、

地球に降臨するスサノオ
（「七転八光興国生来願祈条文《しちてんはっこうこうこくしょうらいがんき》・七」より）

地球が滅亡に陥ったとしても、間違いなく白いリング、白い橋、赤い橋、黄色い橋を通って、代用品であるこの弟星に送り込まれることになっている。（81ページ）

# 第4章

# サタンの消滅こそ地球再生の条件

## 日本人よ！　真の魂を復活させよ

## 私の役目は「神仕組《かみじく》み」の橋渡し

前章では、サタンや悪霊に関する三島霊からのメッセージと、私がこれまで歩んできた人生で行なった霊修行の一端を紹介させていただきました。

呼吸法や宇宙から善なる気をいただくポーズとか、三〇年ほど以前から今まで、三島霊が神仏の橋渡しをしてくださって、私が日々行なってきたものです。

まだ人に指導するほど、オールマイティではありませんが、心ある方には指導させていただきます。神の許しを得たので、勉強されたい方はボールペンと絵具を持参してください。講義は、一人一人の霊格が異なりますので、「先祖供養をしながら、教えなさい」と、神仏の代表霊である三島霊に言われております。

三島霊から送られてくる自動書記を見るたびに、とうとう素神《すしん》（素の神様）のお力が、世界に広がる時が来たのだと、痛感させられます。

いつか、大宇宙森羅万象《しんらばんしょう》、善なることごとくの存在が、幸せだと思える日が来ます。喜びをもって、三島霊の「神仕組《かみじく》み」の橋渡しのお手伝いができるのです。私はもう六三歳。初老の域に入りました。しかし、とても病気とは思えないほど働けて、素神様を始め、神仏と三島霊のお蔭と感謝しています。

三島霊の祈りが、私にもようやくわかりかけてきた今日この頃です。昔は、少々恐かった三島霊も、今はいつも優しくなりました。三島霊とのコンタクトに、ある種の安らぎを感じられるようになりました。

ありがたい善なる存在である皆様。これからも、三島霊を始め、すべからく善なる存在のために、生きて、生き抜いて、焦らず、ゆっくりと行をしながら、神々と歩んでいく所存です。少しでも多くの人々が、神を愛し、神を尊ぶ日が訪れるための橋渡しを、私は学びながら行なっていきたいと思っています。

神の御声《みこえ》はたいていが、最初は女性の声。それから晴れやかな男性の声に変わります。今、響き渡る神のこだまが聞こえます。私の中の神は、きっと素神からだと思います。

## ●――三島霊は「サタンは消滅する」と断言

空に雲ひとつない晴天です。少し気分が悪くなり、先ほど一時間ほど寝ましたが、その後、頑張って仕事を始めました。

満身創痍《そうい》ならぬ満身病気を背負っているような私ですが、痛みは動けば忘れます。幼い頃より心臓と肺が悪く、何度も死にかけたことがあります。この頃では、薬も良いものができ、主治医の方も良い先生ばかりで仕合わせです。

「いつか必ず健康になる」、「神様にお借りした器をお返しする」と、おのれに言い聞かせて、日々生きています。不思議とこの頃は、心臓発作もなくなり元気です。

あるとき、素神《すしん》（素の神様）とその他の神仏、三島霊が私にこう言われました。

「サタンは救えない！　いずれ消滅する」

「サタンは人を騙《だま》し、殺し合い、人の不幸を喜ぶ存在。その因子の果てまで、悪である」

私は、サタンもいつか改心すると思っていましたが、過《あやま》ちだったのでしょうか。過去世で、痛いほどサタンに騙されて、苦しめられましたが、それでも私は許したかったのです。

素神様と三島霊に、

「あなたは甘い」

と、言われ、今は反省しています。

サタンの恐ろしさについて、三島霊が、二〇〇八（平成二〇）年五月一六日の午後一一時四〇分に、私にこう言いました。

千寿よ、おまえ一人が、「サタンも許してあげてください」と願っても、神の子を苛《いじ》める存在、宇宙を破壊する存在は、消滅させるべきなのだ。

よいな、サタンに慈愛は通じない。素神様がおっしゃっている。サタンを憎めない千寿であろうが、重々、承知し、大宇宙存続のためには、はっきりとケジメが必要。諦めるのだ。


以上が、三島霊の言われたことであります。

もう過《あやま》ちは繰り返せない地球。サタンの地獄は、神々がもうなくされたらしい。私も、一度、垣間見たことがありますが、それは恐ろしい地獄の光景でした。

私は二度と、サタンに涙を流すまい。「あなたは甘い」と言われ、はっきりと自分に言い聞かせました。

読者の皆様も、サタンはいなくなると、皆で信じましょう。

## ――日本人が目覚めれば、世界は変わる

二〇〇八（平成二〇）年五月頃から、サタンを戒《いまし》める三島霊からのメッセージが立て続

けに送られてくるようになりました。

《現在の日本について》

拉致《らち》、監禁、誘拐、殺人事件、テロ。どれをとっても、神の警告を無視した結果である。あなた方、日本を中心に、世界の人々、なにか間違ってはいないか。宇宙の初発の神も、呆れ返っている。

あなた方の考え方次第で、世界は変わる。日本民族に流れる、真の魂を復活させ、世界平和に向けて歩んで欲しい。

神仏のお力添えで、祈りと行動で、平和になると信じて欲しい。

もし、サタンの思う壺で、破壊に走るなら、サタンに魂を売ったとしか考えられない。日本ほど素晴らしい環境に富み、島国ゆえに守られた歴史、大自然を持つ国はない。この崇高な日本を愛し、民族の違いを乗り越え、美しい波動で、日々生きる魂になって欲しい。まだまだ捨てたものではない。

日本人の目覚《めざ》めが早くなれば、やがて来る地球の安息の日々に、灯火《ともしび》を照らすことになるのだ。

必ず地球は、一回はお休みするだろうが、再生され、復活する。これは、神仕組《かみじく》みのプログラムに乗っている。信じて欲しい。

●――エロスとは、神が人間にだけ与えた快楽・喜び

三島霊からのメッセージは、さらに続きます。

《現代ブームのエロスについて》

現代の人間は、本当に堕落していると思う。〈エロス〉の根元を知らないからだ。エロスとは、神が人間にだけ与えた、震える快楽・喜び。新鮮で、尊いものだ。秘めやかに行なうものである。

然《しか》り、現代の日本人は、あまりにエロスを軽んじている。神の憤《いきどお》りも、ひとかたならぬと、私は聞いた。言葉に書くのもおぞましい〈性〉の堕落。気づいて欲しい。

生前、私は魔に操《あやつ》られ、ホモ体験の持ち主でもある。人に弁解することではないが、今は前世の因縁で操られる、おのれの弱さも克服し、一人でも多くの人が、〈真のエロス〉のあり方を説いて欲しいと、願うのみだ。

二〇〇八（平成二〇）年五月一七日　　三島由紀夫

## ●――三島由紀夫は「地獄の教訓」を忘れない

この頃から、三島霊は自分の過去をしきりに語りたがります。サタンに操られた自らの地獄体験を吐露《とろ》し始めたのでした。

《過去・未来・現在のおのれの観点》

私の過去は、裏汚れた豚のような生き方であった（豚には悪いが）。

時には、サタンに操られ、支配され、『薔薇刑《ばらけい》』（註：三島由紀夫を被写体として一九六三年に発表された、写真家・細江英公による写真集の代表作）に見る、おのれの異常さ、流されて流されて生きた、三島由紀夫の人生。

現在の私は、宇宙を拠点とし、三島霊団、三三九五七八六一六一六《さんさんきゅうごしちはちろくいちろくいちろく》（註：三島霊団を表象する特殊な数霊）と、多くの同朋と共にある。

あまりにも人数が多いので、孤立主義の私には、時折り、休息をくれたまえと、霊団から離れて、独り霊界を闊歩《かっぽ》する。私の通った地獄がどうなっているか、見聞に行くのだ。

まあ、みな、一度は霊界に行くのだから、あまり死に急ぎをしないでくれたまえ。

おのれの中で、おのれでない自分がいるように、生前感じていた私。未来は明るい。宇宙を探査して、おのれの神を信じ、〈律《りつ》＝地獄〉の教訓を決して忘れず、先見の明を持って生きていく。

二〇〇八（平成二〇）年五月一七日

## ●——正義を目指し、責任を持って生きる

三島霊からのメッセージはまだまだ続きます。

《正義の人に送る「夢言葉」》

「君子、危うきに近寄らず」の精神では、物事の目的は達成できない。

心を磨き、身体を鍛えて、おのれを律し、〈剣《つるぎ》〉の精神で、太陽に祈ることが大切だ。

おのれの目的が正しいことであるなら、太陽は必ず、光をあなた方に送るであろう。

《心得違いの、現代の日本人に問う》

皆さん、おのれの行動に、責任を持っていますか。

皆さん、自分の行動に、責任を持っていますか。

人を傷つける言動は、決して吐いてはいけない。人々が傷つき、病み苦しむとき、手助

けをしてあげられる人間であれば、向上心がおのずと高まるのではないでしょうか。僕はそう思います。

精神が困惑したら、いけません。ゆとりのない生活でも、人間の大いなる知恵を持っていけますか。自分の善を信じてください。

三島霊からの言霊《ことだま》は、本当に勉強になるし、おのれを高めるのにとても役に立ちます。大切な〈気〉を受け止めることができるので、信じられます。

前にも述べましたが、かつてはあまりの荒々しさに閉口しました。私は自分を忘れ、発狂寸前になったこともあります。三〇年かかって、ようやく平常心で受け止められるようになったのです。

## ●――三島由紀夫が「永遠の死」を求めた理由

続いて送られてきたメッセージは、〈三島霊団〉に関するものです。

《昔は昔、今は今》

桜木《さくらぎ》に　凝《こ》りて固まる　魂《たましい》の

音《おと》の訪《おとず》れ　楽しく思い

右の短歌は、私が率いている宇宙人のケンが詠んだもの。横尾忠則氏もコンタクトしている宇宙人である。少々楽しい歌なので、皆さんにお伝えした。

今は今——私の持てる宇宙連邦は、数が多い。争いの宇宙隊ではない。地上を治める、安らぎを与えるグループの集まる連邦だ。

三島霊団はもっと数が多く、指揮していくのは、並大抵《なみたいてい》のことではない。しかし、私は不死身。

中には、ときどき悪い霊も混じる時もある。そういう時は、それぞれ、愛の霊が行く所へ赴《おもむ》かせる。

任せても大丈夫な側近がいるので、私も大変楽になり、皆さまに真理を送るとき、冷静な判断で、神仕組みや霊界の事も知らせることができるのだ。

昔、生前だが、永遠の死を求めたのはなぜか？　今ようやく原因を掴《つか》んだ。

「日本を始め、世界中の人々が、神を勝手に使い、勝手に利用し、神の永遠を信じなくなっているから、おまえは、永遠の死を、疲れ果てて望んだのだ」

このように天之御中主神《アメノミナカヌシノカミ》に言われ、

「そうか、そうなんだ」

と、今、生前を〝恥ずかしき行為〟として、回顧している。

二〇〇八（平成二〇）年五月一七日

## ●——使命を全うするための助言——正義の剣を、おのれに持とう

この日、自分の過去を反省する三島霊からのメッセージは、さらに矢継ぎ早に続きました。


俺は生前、「恒久平和とは何ぞや？」と、考えていた。西も東もない、真実の平和を……。しかしながら、前世の因果で自分を破壊に追いやった。今は、〈破壊の原理〉を知り得て、二度と過去に戻らぬよう、毎日、おのれを鍛えている。

人間の修行は永遠である。永遠とは、心の中に光を見て、初めて理解できることだと今は思う。しかし、生前の私は、影に追い込まれ、心の傷を、おのれの闇に癒してもらっていた。その闇が悪魔の囁《ささや》きだったかも知れないのに、それが間違いの元の、切腹・市ヶ谷乱入。

みんな、死に急ぎするな。平常心で、おのれを鍛え、叱咤激励し、自分に与えられた神

三島霊が描いた「平和祈願」の図

よりの使命を、全うしてくれたまえ。

生前、〈死後の世界〉はいかなるものかと、よく考えたものだ。神を信じるあなた方も、時には死後の世界を考えるであろう。

私が全てを教える、とは言わない。私も人間の一人であるから、誤解を招いたら困るので、私の死後の世界だけは、そのうち、少々、書き記す日が来るであろう。

「静寂を愛せ」と言おう。

「太陽の光を見よ」と言おう。

正義の剣を、おのれに持とう。「ありがとうの感謝」を決して忘れずにいてくれたまえ。

大自然、万物霊長・神仏に。

二〇〇八（平成二〇）年五月一七日

●――地球は「死の星」か、「永遠の星」か？

そして、その日の最後に、これから訪れる地球の運命について、三島霊から力強いメッセージが送られてきたのです。

かつて送った言葉に、「やがて地球は、死の星と化す。人は、惑星に移住する」というものがあった。しかし、それは、私の個人の考えであり、そういう人々もあるであろう。

今の考えは、まだまだ地球は大丈夫と思う。

「地球人類の三分の一は救われて、一時、休止する地球が、後に復活するとき、人々は転《てん》生《せい》し、平和な幸福がその人等に訪れる」

これは、素神様も、私に言われたのだ。

「地球は永遠に廻《めぐ》る。永遠の星となる」

と、私におっしゃっただけである。

私は永遠に、平和のために行動する地球が大好きだ。

必ず、いつか〈愛の鐘〉が鳴る。それを信じて止まない。人々も信じてくれたまえ。


これほど連続して自動書記が送られることは滅多にありませんが、なぜか私は一安心しました。

温暖化していく地球に、氷河期が来た後、復活がどのように訪れるか、知りたいのですが、それは知らないほうがよいのかも知れません。

祈りと行動でいくしかないのだと思います。私と私の仲間と、良き信者の方と共に〈地球の永遠〉を祈りましょう。

信じることで、きっとそうなるはずです。なるようになります。

私は、私に言い聞かせます。地球の未来が幸福でありますようにと……。

## ――これより、世界の発想が変わっていく

現在の世界は、「〈神のうつし代《よ》〉ではない世界が広がっている」ということを、私も霊界の三島由紀夫氏も思うのです。神仏の霊と私と三島霊と話し合いをすると、つくづくそう思うことがあります。

私ごとき人間が、今現在、幸福だということは、三島霊を始め、多くの神霊・先祖があるからです。

三島さんの道徳観念は、私の観念とは少し異なりますが、それでも究極のところでは、一緒なのだと思います。

神がお考えになっている道徳とは、いかなるものか知りたいところです。しかし、「それは待て」と、三島霊は言います。神の全てを教えることは、神への冒涜《ぼうとく》だと、三島霊は言います。

私は、「自分一人で、神の疲れをお癒《いや》しします」と、傲慢《ごうまん》な考えを持ったこともあります。これからは、一人では何もできない。それは、傲慢の一文字に尽きるということに気

づきました。この傲慢さを捨てて、多くの人に協力していただき、神の導きを信じ、三島霊や神仏の永遠の橋渡しをして、善を信じ、生きて、天寿を全《まっと》うし、恒久平和の糸口をつかみ、祈っていきます。

心ある方、ご賛同のうえ、私に会いに来てください。限りある命の迸《ほとばし》りを、皆さまと共に歩んでいきたいと願う、今日この頃です。

あれほどまでに、三島霊と同じく求めた「永遠の死」――今は嘘のような気がします。生きることの喜びを身体一杯、持ち、太陽の光を受け、感謝しています。

信じましょう、神々を。

# 第5章

# 霊界の日蓮上人から「地球変革」の檄

## 三島霊に仮託して訪れる日蓮上人他、諸神仏の霊

## ●──サタンの魂は不滅ではない

昨今の日本は、あまりにも凶暴な事件が多く起こります。それは世界全体にも起こっていることですから、サタンに魂を売ってしまった人たちの行為ではないかと思います。サタンについては、その後も三島霊から、たびたびメッセージが送られてきました。

魂の不滅を、かつて説いた私だが、死後、間もなく、過去世の魂と遭遇、「あなたが私で、私があなたか」と問うたものだ。

過去世も分離して、それぞれが存在していた。三島由紀夫一人と思った、自分の魂。素神《すしん》様のお力で、私の過去世は浄化された。そして、三島由紀夫だけとなったが、死後、すべての記憶を取り戻し、「過去の魂も凄絶《せいぜつ》な生き方をしている！」と、自分ながら驚きであった。

魂の統一をしても、過去の記憶がどうでもいいものは消し、神に進言するつもりで死んだ私は、今ようやく「直会《なおらい》（註：神事が終わって後、神酒・神饌を下ろしていただく酒宴。ここでは世直しの意味）の男子」として、今に伝えることができる。神仕組《かみじくみ》、そして仏の心を。太田千寿を通してだが……。

サタンは消滅するのだから、魂もなくなるだろう。「はっきり言うことは避けなさい」と素神《すしん》様がおっしゃるので、サタンについてはこの辺で記すのを止めにしよう。

不屈の精神で、サタンと遭《あ》い対そうと思う。諸君、夢々、サタンに魂を売らないように。

二〇〇八（平成二〇）年五月二四日

## ●──サタン化した「神の子」に告げる

さらに、翌日、三島霊から、再びサタンに関するメッセージが送られてきました。

サタンは、宇宙神から絶対に消滅させるように、何度も繰り返し言われている。サタンに魂を売った神の子は、必ず改心するまで、私が波動を送るように、素神からも言われている。サタンに対しては、とことん冷酷にならねば消滅させることはできない。死と共に消滅である。サタンでも、完全に改心した存在もあるが、必ず再び、悪心を起こす。だからして、宇宙神・地球神は、絶対命令を私に降下《くだ》したのだ。二度と争いのない未来にするために。

皆さん、自分がサタン化してきたら、私の名を呼んで欲しい。必ず、サタンに牛耳られ、苦しんでいる皆さんを救い出すだろう。

いつかきっと、晴れやかな、神の子だけの世界が広がる。皆さんも神の子なら、協力をお願いする。サタンも苦しくあがいている現在。私は、神よりの使者であるから安心して欲しい。

いつか宇宙で、神の子であるならお会いしましょう。

二〇〇八（平成二〇）年五月二五日

## ●――三島霊に仮託して、時々訪れる日蓮上人の霊

この本は、二〇〇五（平成一七）年頃から、三島由紀夫霊に指示され、初めは疲れるので少しずつでしたが、自動書記の形で書き綴ってきました。不思議なことに、今は、書けて書けて仕方がないのです。喜びの心で書き綴っています。

この頃では、素神様を初めとして、釈迦如来、舎利弗《しゃりほつ》（釈迦十大弟子の一人）、弘法大師（真言宗の開祖）、最澄（天台宗の開祖）、日蓮上人（日蓮宗の開祖）、親鸞聖人（浄土真宗の開祖）、栄西禅師（臨済宗の開祖）、道元禅師（曹洞宗の開祖）、沢庵禅師（臨済宗の名僧）などの仏教開祖と名僧。諸仏では阿弥陀如来、千手《せんじゅ》観音、白衣《びゃくえ》観音、大日如来、愛染《あいぜん》明王、弥《み》勒《ろく》菩薩、大黒天など。神々では、天照皇太神、須佐之男《スサノオ》神、弟橘媛《オトタチバナヒメ》、木花之佐久夜毘売《コノハナノサクヤヒメ》、日本武尊《ヤマトタケルノミコト》、景行《けいこう》天皇霊（註：『古事記』『日本書紀』に記される第一二代の天皇。日本武尊の父。

自らも熊襲《くまそ》征伐を行なったが、後に日本武尊に蝦夷《えみし》征討を命じた)、その他、多くの魂がこぞって私の前に現われ、いろいろとお悟しになります。

時には、日蓮上人に仮託して三島霊が交信して来ることもあります。霊界では富士山を因縁にして、日蓮上人と三島由紀夫霊は深く繋がっているからです。

先述したように、三島由紀夫の魂は、亡くなって間もなく富士の洞窟へと誘《いざな》われ、中国の仙人の一人・東王父《とうおうふ》に試されたということです。

ある日、日蓮上人から次のようなメッセージをいただきました。

## ●――『立正安国論』に見る日蓮の反省と転生

立正安国《りっしょうあんこく》――正《しょう》を立てて、国を安んずる。

執権・北条時頼の時代を顧《かえり》みると、どうしても語らねばならない、三島由紀夫の原理。「予言能力がどこから来ているのか」との、私の回顧録ではあるが、正しき予言、悪しき予言、さまざまな他者の予言を受け入れて、今語る『立正安国論』に隠した私の命の迸《ほとばし》り。七百年以上経った今も、私(註:日蓮上人の霊)の真意は変わらず、転生《てんせい》し転生し、『立正安国論』の誤ちを自ら説く。

国は民衆によって成り立つ。時の執権・北条時頼は、私を恐れていた。しかし、元《げん》の襲来は、神風によって終わりを告げた。

私の予言通りに元は襲来したが、神風は私を諫《いさ》めた。我《が》の強さ、傲慢、他を認めない、私の真意。しかし、統一を図ろうとしていた北条氏は、最初は私に確かに鄭重《ていちょう》であった。あまりに予言が正しかったことにより、私を疎《うと》んじ、我身の安泰を考えた北条氏。私はその時、どうしたか！

皆も、考えて欲しい。まあ、言わずともわかるであろう。幽閉、幽閉の連続であった私は、富士を見ると、心が落ち着いた。

二つとない山、富士。私は、この富士を「日《ひ》の本一《もといち》」と考える。民衆、他の方々も、たしかにそうだと思うであろう。日本人ならば。

私は、富士で修行がしたかった。しかし、六合目に登ったとき、聖徳太子が、「そなたは、身延《みのぶ》を治めよ」と囁かれたのである。

泣く泣く、身延へ……。あるとき、千寿は、身延の山に行き、「お別れ」と祈り、塩を撒《ま》いたそうな。そして、来た道を間違え、お万《まん》様（註：将軍徳川家康の側室だったが、後に日蓮宗に帰依し、七面山発展の礎を築いた。養珠院お万の方と称す）の治めた七面山《しちめんさん》へと行ってしまったそうな。

私は落ち着きを取り戻し、千寿が動いていてくれたことに感謝している。

自動書記にたびたび登場する日蓮

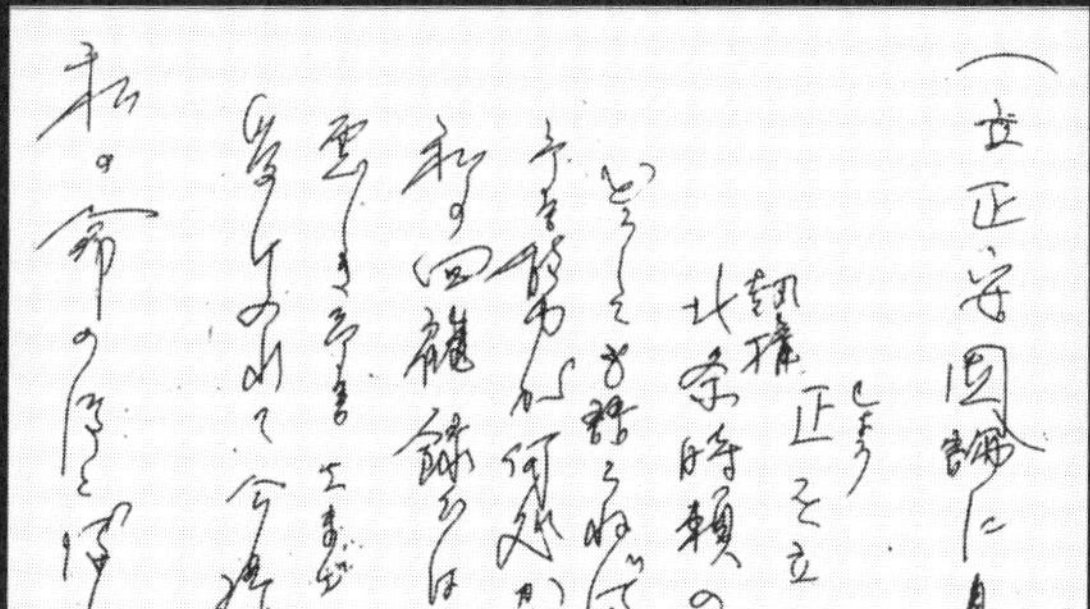


三島霊による『立正安国論』に関する自動書記
日蓮の霊からのメッセージ

人間・日蓮、人間・三島が、今、宣言する。時を告げる鐘に、心を封じ、富士に祈る。

「光愛、日蓮」と！

私が過去をなぜ語るのか？　それは皆さんに過《あやま》ちを繰り返して欲しくないからで、日蓮仏教は、分裂に分裂を重ねた。日蓮仏教のみでない。神道もキリスト教もだ。この三宗が宗教分裂が一番多いであろう。

「分裂してよい」と素神はおっしゃる。それぞれ人格も違えば、星の世界が故郷の人もいれば、サタンのように、極悪人《ごくあくにん》もいれば、動物を虐待する者、わが子に折檻《せっかん》する者、種々多様である。

みな同じように、一つの宗教になれば、それは罪悪。私の過去を反省し、今、皆に告げたい、自分の中のもう一人の自分を見つめて！

「宇宙、地球は繰り返す。世界は、繰り返す！」

前にも書いたが、責任の取れない予言は決してしてはならない。

三島の我《が》は、大我《たいが》であると、何度も何度も、おのれに言い聞かせ、かつて『立正安国論』をまとめたのである。

「全部が正しいのではない。三分の二だけ正しい」と、素神様はおっしゃった。果ての宇宙神も「そのとおり」と……。

二〇〇八（平成二〇）年五月二六日

私は今までに、三島霊のメッセージを四冊の本にして発表してきましたが、降りてくる霊は、三島由紀夫氏ひとりだけではありません。時には田中角栄さんや尾崎豊さんの霊も降りて来て、彼らのメッセージを公開したこともあります。

今回の霊界通信の特徴は、三島霊が日蓮として登場することです。三島氏は死んだ直後、自分の前世の姿である一八人を見たとのことですが、その一人が日蓮なのでしょう。日蓮は「元の襲来」を予言した人で、日本が危機の時代に活躍しました。日蓮の霊は、自分の教えが正しい形で広まっていないので、よく降りて来ます。私は小さい頃から霊媒体質でしたが、修行により霊能力を高めてきたため、いろいろな霊が交信してくるのです。

## ●――本当は四歳より霊動があった私

生前、三島由紀夫霊は、ヤマトタケルノミコトであると言ってらっしゃったこともわかり、共時性《シンクロシニティ》ばかりの人生を過ごしてきた私を、真に目覚ませてくれたのは、素神《すしん》様と代表霊の三島由紀夫さんでした。

今までに私が出版していただいた本では、自分の生い立ちのことはマスコミ任せにしてきました。「平凡な主婦に、突然三島由紀夫の霊が降臨した」としたほうが、ショッキングということで、神に尋ねたところ、「自然体で、普通どおりにしておきなさい」とのことでした。それゆえ、今まで、私のことを平凡な主婦と思われていたのではないでしょうか。

しかし、先述しましたように、私には四歳より霊動があり、テレパシーもいろいろな神仏からありました。未熟ですが、修行を重ねて一霊能者になったこと、「平凡な主婦」という肩書きは、方便として用いたことを、この本で正式に告白いたします。修行をしないで霊感だけで動くと、決して高級霊とはコンタクトできません。修行は永遠に続きます。今まで申し訳ないことをしました。

春告げる　うぐいすの声　秘めやかに
　喜び人等《ひとら》　幸福とならん

なぜか、こんな歌をつくりました。「早く気づけ」とおっしゃったのは天之《アメノ》御中主神様《ミナカヌシノカミ》だったのです。

爽やかな春風が鶯《うぐいす》に声をかけています。あなた方は春を告げる鳥。姿はあまり見せませんが、きっと「法華経、ホー、ホケキョウ」と、仏様に聞いて啼《な》いているのでしょうか。風が、私に、鶯に囁いたのです。

この頃、風ともお話ができるようになり、毎日毎日が充実し、楽しいのです。こういう心で、人々に三島由紀夫霊が橋渡しとなり、神仏のお言葉を発表できますことはたくさんの方々の協力があってのことです。皆様に感謝、すべてに感謝です。

## ●──神仏は「地球人のガンバリ」を見たい

私は平静な気持ちで毎日を過ごしていました。そんなある日、素神《すしん》様から次のようなメッセージが送られて来ました。日本人の食習慣に関する意見と、地球の温暖化に関する警告です。

太古より、日本人は〈菜食〉が主であった。太古には、静かな神々の囁《ささや》きが、日本民族すべてとは言わないが、選ばれし少数の者には、神々の囁きと声が聴こえていたのだ。今は、日本人は菜食主義を忘れ、肉食になって悪かったとまでは言わない。肉食、菜食、みな波動があるのだから、これは日本人だけの問題ではない。

菜食と肉食と、バランスよく食したほうが、良い感謝の心で、おのれの身体も清まる。

古代、「御饌《みけ》」（註：海の幸、山の幸を感謝の心で、神様に捧げる儀式）という神道の儀式があったのだが、それはそれは厳かな儀式であった。

日本の神々は、あまり罰《ばち》というものを当てない。仏は罰を与える。それは神仏をはじめ、聖人との話し合いで、何千年も前に取り決められたことである。

とりわけ日本人は迷信が好きだ。これは読んで字のごとく、「迷って信じる」。サタンに魂を売った人がつくったもので、あまり気にしないで欲しい。

さて、何度でも言おう。地球は温暖化が進むが、心配はない。長く温暖化が続き、その後、ある巨大な動きがあり、氷河期となり、必ず地球は再生できる。そのためには、日本人も世界の人も、神仏に、「今、ここまで頑張った」という証《あかし》を見せて欲しい。

植林。新エネルギー開発。動物愛護。政治も、真の魂、善なる人が動かすこと。

東方に光あり――それは、東南アジア諸国を指す。釈尊の「東方に光あり」は、確かに正しかった。弥勒《みろく》の世、到来……。

必ず木を増やし、酸素不足のない空気清浄をして、空気に負担をかけないエネルギーを開発し、新しい時代、未来に向けて、日々向上して欲しい。

素神様の心を代弁させていただいているので、私はとても温和な魂となり、苦痛を太田千寿に与えた数十年だが、今にして、本当の神仏の世、到来である。

素神の代弁　三島由紀夫

二〇〇八（平成二〇）年五月一八日

## ●——ヤマトタケルの仕業《しわざ》の因縁浄化を行なえ

二〇〇八（平成二〇）年五月二〇日。大嵐がやってきて、神のごとくの強い風が吹きました。前日から大雨が降っていました。その朝は小雨となり、私はラッキョウの皮剥《かわむ》きをしていました。私は、包丁を出したままにしておくことが大嫌いです。そのとき、

**「何者かが入ってきて、包丁で刺されたりしたら、恐いからな」**

と、三島由紀夫霊の声が聞こえたのです。

「子供も、まだ知恵の働かない子が、包丁に興味を持ち、自分で遊んだりしてしまったらと考えると、恐ろしいですね」

そう、私は答えました。

包丁で思い出すのは、私の住む神奈川県の走水《はしりみず》神社にある「包丁塚《ほうちょうづか》」のことです。走水神社はヤマトタケルノミコト（日本武尊）と愛人のオトタチバナヒメ（弟橘媛）を祀って

います。そして包丁塚は、走水の住人が遠征中のヤマトタケルノミコトに料理を献上し、褒められて大伴黒主《おおとものくろぬし》という名を与えられた故事によっています。包丁への感謝と鳥獣魚介類への慰霊のために建立されました。

その日は三島霊にこう指示されました。

「ヤマトタケルの荒々しい仕業《しわざ》の因縁浄化《いんねんじょうか》を、ラッキョウ剥きの包丁でするように」

ということは、ヤマトタケル様が、刀を使って人を殺《あや》めた件で、霊界において苦しんでおられるのだろうか。生前、自分は前世でヤマトタケルであったと信じていた三島由紀夫氏は、日本刀で割腹し、血の海の中で絶命されました。

以上の点から考えてみますと、包丁＝刀は、争いや人の血を流すためでなく、料理という形で使用しなさい、「和」や「愛」のために使いなさい、ということなのかも知れません。

「絶対色即是空《しきそくぜくう》、と唱えて、包丁の因果を洗うように」

と、全知全能の神様を初め、仏様も言われました。とくに千手《せんじゅ》観音様が包丁の因縁浄化を頼みたいとのことでした。天照皇太神が、昔、「刀愛天照」と書いておられたことがあります。私の初めての自費出版の本、『愛・真秀呂場』の中にこの言葉を書いたことを覚えています。

日蓮の化身《けしん》である三島由紀夫霊も、日蓮として書き下ろしています。

**「和、和、和。和が大切なのである」と。**

三島霊は「和」や「愛」について考え、古代におけるニニギノミコト（邇邇芸命）とコノハナノサクヤヒメ（木花之佐久夜毘売）の関係が「本物の愛」であったと悟ります。地球人が、ニニギとコノハナの愛にめざめたとき、地球は「和の星」に変わるのでしょう。

なお、一九七五（昭和五〇）年の一一月に、コノハナノサクヤヒメ様とニニギノミコト様が、私の前に降臨なされ、次の和歌を詠まれました。

この愛の　明かしか　菊の花咲ける
大和真秀呂場《やまとまほろば》　天童にあり

右の歌が、コノハナノサクヤヒメ様の御歌で、左の歌が、ニニギノミコト様の御歌です。

この世にて　賭けし命は　太陽の
　久遠《くおん》なる日と　青き天のみ

## ●――日本は世界の手本となる国になれ

この章の最後に、三島霊は今、日本人に何を期待しているのか、また、生前の三島由紀夫氏が彼の考える日本再生のために、死を賭して育て上げた「楯の会」の元隊士へ何を言い遺しているのかなどをお伝えします。

《痛みの果てに、三島は甦った》

痛み――若くして体験するのが、いちばん良い。若い時は溌剌《はつらつ》としているので、苦しみ、悲しみ、痛みを体験することによって、人は成長する。知らないと、年老いてから苦しむ。苦しみの人生を歩むと、身体は老いるし、自由に羽ばたけず、痛みを超越できない。

人間だけではない、動物もだ。動物園の白熊だって、保護される時代に、あなた方はまだ気づきませんか、と言いたい。

人間は、動物を擁護するために存在する。

多摩川の水も、だいぶ純化した。一握りの人間が、環境を変えようと思っていても駄目なのだ。まず、日本から始めよう。世界のお手本になる国になろう。

今や、日本は注目されている。こんなに幸福な国はない。

生まれてきたことへの感謝。死ぬる、その時まで持ち続けてくれたまえ。

二〇〇八（平成二〇）年六月三日

## ●――「楯の会」元隊士へのメッセージ

いよいよ、この章の最後に、生前、三島さんが、その人生の最期をもっとも深く関わってきた、「楯の会」元隊士の皆さんに呼びかけたメッセージをご紹介します。

《楯の会へ》
俺の神社が建ったようだが、私はそこにはいない。
真秀呂場《まほろば》、ユートピア――そのために生きるなら、あなた方への責任をとって、私は光を送ろう。夢々、「傲慢」の一文字の私を、手本にしないでくれたまえ。
死の決断をしたとき、私は、何もなく、無欲であった。我欲を少しでも持っていたら、バランスを失うことはなかったであろう。

しかし、それも神仕組みの一端であったと死後に知った。

私は、「真秀呂場」という屍《しかばね》で死んだ。

自分の中に「真秀呂場」があれば、五臓六腑《ごぞうろっぷ》が喜び、心の中に、おのれの真であるが故に流れる泉はどんなものかと、生前、常に考えていた。

「楯の会」の諸君。あなた方の信念は、どこにある？

太陽に感謝を貫き通せるかどうかが問題だ。

当てもない旅路に、私は飛び立ったわけではない。

神に進言、おのれに進言で、死んで生きてを繰り返し、今は永遠である。

あなた方が希望を失ったら、私は悲しい。


（歳をとった、残りの会の人たちに）

常に青春で生き抜き、私の指示を待ってくれたまえ。

春告げる　うぐいすの声　美しき
　おのれの使命　鳥さえ知って

（私と千寿の合作の歌）

あなた方に言おう、「楯の会」が今も存続しているということは、私も少し、世の人に、影響を与え過ぎた、と反省する。

しかし、楯と矛《ほこ》――これは、私なりのバージョンだ。ドンキホーテと笑ってくれたまえ。私の笑いは、天を衝《つ》く。地を衝く。雷となる。

雨の中、嵐の中、どんなことにもめげず、私から太田千寿に指示を与えるから、千寿の家の門戸を叩け。

命令ではない。優しい波動で、私は、あなた方の疑問に答えよう。

二〇〇八（平成二〇）年六月八日　三島由紀夫

# 第6章

# 2012年に始まる「フォトン・ベルト」地球危機の真相

## フォトン・ベルト、アセンション、大恐慌後の世界を予測する

## ●――二〇一二年に地球は本当に「フォトン・ベルト」に入るのか？

太陽系は銀河系の中を一定の速度で周回しています。銀河系の中にひときわエネルギーの高いドーナツ状の光の帯があることが、ハレー彗星の発見で有名なエドムンド・ハレー氏によって発見されました。これが「フォトン・ベルト」と呼ばれているものです。

太陽系も一万数千年の周期で、このフォトン・ベルトの中を通り抜けます。通り抜けるのに二〇〇〇年かかると言われています。

前回、太陽系がフォトン・ベルトを通り抜けた一万三千年ほど前には、ムーやアトランティス大陸が姿を消したと伝えられています。

そして今また、銀河系の中を移動する私たちの太陽系は、二〇一二年一二月二〇日頃には、完全に「フォトン・ベルト」の中に入ると言われています。

フォトンとは、光子エネルギーのことで、陽電子と電子が衝突することによって発生するそうです。この光子の塊《かたまり》の帯が「フォトン・ベルト」と呼ばれているものです。

一般に、酸素や水素などの元素は、原子から出来ていることはご承知の通りです。この原子の中心に陽子と中性子からできた原子核があり、その周りを電子が回っています。この「電子」とその反粒子である「陽電子」が衝突すると、双方とも消滅し、二個または三

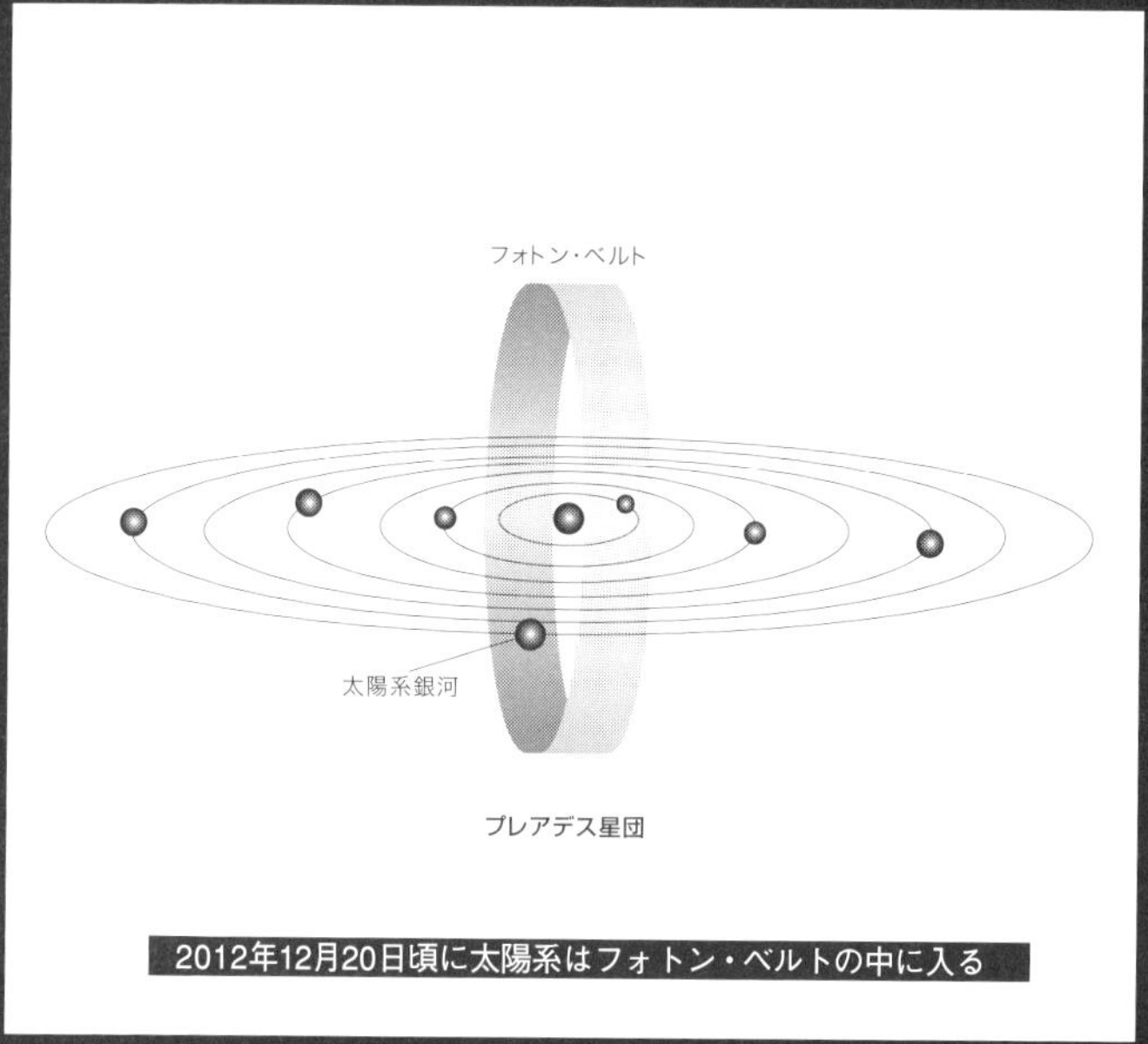


プレアデス星団にあるフォトン・ベルトと太陽系の位置関係
（フォトン・ベルトはドーナツ状になっている）

個のフォトンが生まれることが知られています。

このフォトンがいっぱいある地帯（ベルト）に地球が突入すると、地球と地球人が次元上昇（アセンション）すると、楽観的に考える人もいます。

一方、フォトン・ベルトのエネルギーによって、核施設に異常が発生して、地球は滅亡してしまう、と考えている人もいます。

あと二年後に迫った二〇一二年までに、地球人はこの「フォトン・ベルト」をどのように把握して、どんな対策をするべきでしょうか。

## ●――「温暖化防止」をしないと、フォトン・ベルトで軌道が崩れる

そこで私は三島霊に、「フォトン・ベルトはどういう理由で誕生したのでしょうか？」と、素朴な疑問をぶつけたところ、意外な答が返ってきました。
《温暖化防止でフォトン・ベルトの危機は免れる》
二〇一二年の〈フォトン・ベルト〉……。僕が君たちに与えるヒントは、「鏡で言えば、裏が月。水鏡《みずかがみ》で言えば、表が太陽。結果が地球」どれが欠けても、軌道に変化が起きる。フォトン・ベルトで軌道が崩れる。

それを防ぐには、急いで「温暖化防止」をし、植林をし、野焼きをしなさい。

野焼き――畑は、野焼きをしなかったら、生きない。この風習がなくなってしまったことは、非常に残念である。野焼きすることによって、大地も生きているから、波動を狂わせないのである。

大地を焼くことだ！　野焼きをして、田畑を耕すこと。

これをやっている国は、もう少ないだろう。日本も、四〇年ぐらい前まではやっていたが、今もやっているところが、あるかどうか……。「野焼き」は絶対、必要なのだ。

畑も生きている。煙が「千の風になって、畑に降り注ぐ」。焼くことによって、雑菌がすべてなくなって、土は活き返る。昔に戻して欲しい。

さて、フォトン・ベルトの問題が起きるということは、皆の過去の大地に対する〝思いやり〟が欠けているからである。

これから人間、冷静になって、残る地球の大地を慈《いつく》しもう。野焼きをしてあげよう。雑菌を駆除してあげよう。

何で山を崩す？　地震があったら、どうしようもない。わかっていながら、あなた方はやる。

哀しいことだ。

「二〇一二年に、全部、片《かた》はつける」と、神様はおっしゃっている。

さあ、「裏が月、表が太陽。結果、地球」――若い人々よ、お年寄りも、どういう謎解きだと思われるか？

「結果、地球」である。裏と表。表裏一体。

フォトン・ベルトで、月、地球、太陽の軌道がずれると、危険である。月の満ち引き、満潮・干潮が変わってしまうと、大変なことになる。人間の既成形態も変わるし、生まれてくる子どもたちの染色体も異常を起こす。

それをどうしても食い止めるには、人間が、「温暖化防止」に一生懸命、動くことである。温暖化防止に動くことによって、川は流れ、山は歓び、マグマがコントロールできるようになる。

その軌道の調整は、私たち、宇宙人がやることになっているから、地球の人々にやって欲しいのは、「温暖化防止」である。

温暖化を一生懸命防いで、電気や何もかも節約して、質素に生きなさい。

再三繰り返すが、「鏡の裏・表」を見て、裏のほうが月、表のほうが太陽。そして、結果が地球。――これは〝謎解き〟だ。どう思うかな、君たちは。それが「フォトン・ベルト」の答である。「裏は月、表は太陽、結果、地球」。

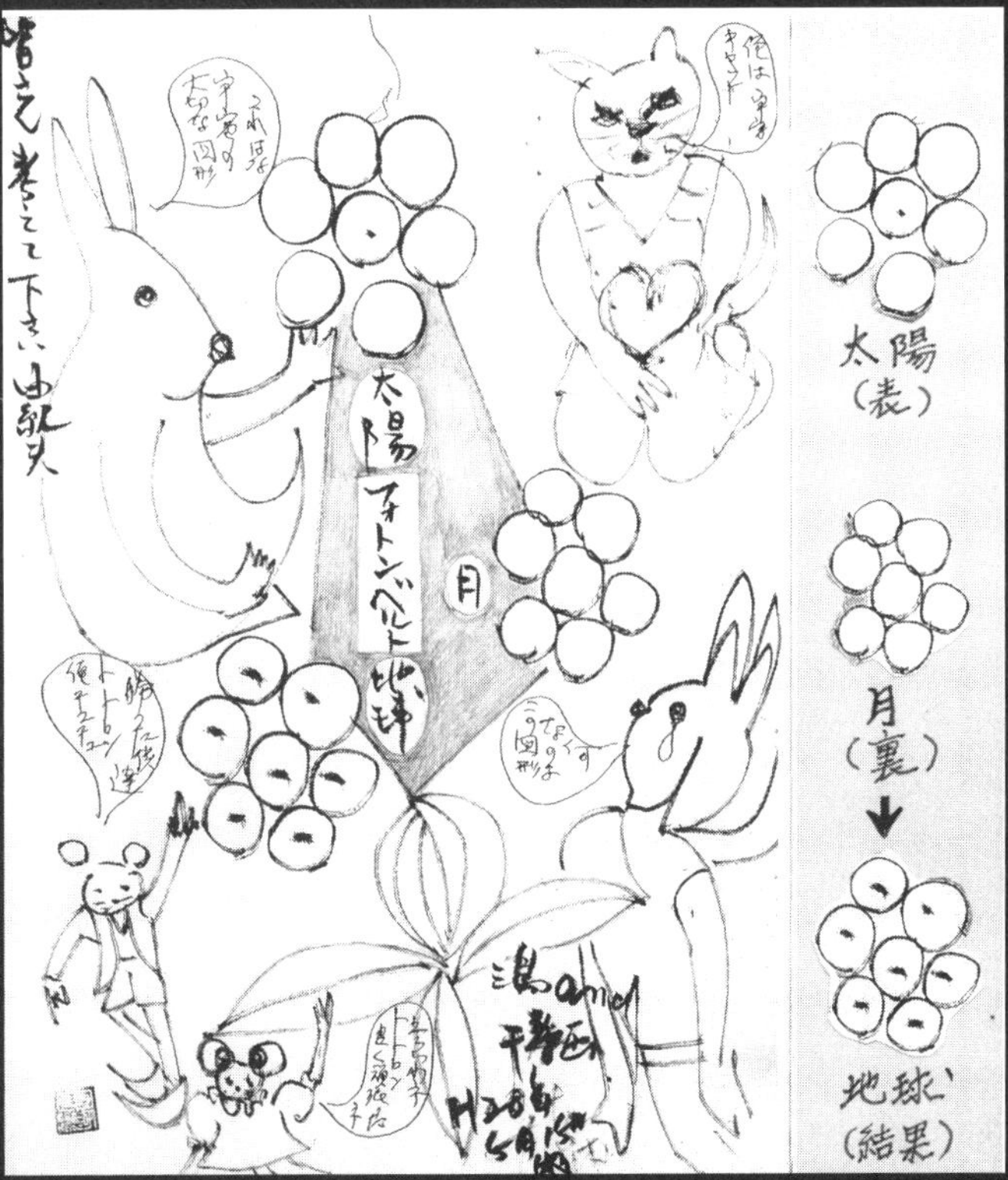


三島霊が描いたフォトン・ベルトに関する「ヒント図」

このフォトン・ベルトの起こす〝軌道の歪《ゆが》み〟によって、あなた方の$CO_2$（二酸化炭素）が出ることによって、月、地球、太陽の軌道が変えられるのである。

それには「植林」、酸素をたくさん含む「植林」を行なっていかなければならない。「温暖化防止」と一緒に、「植林」をやって欲しい。

## ●──フォトン・ベルトに入ると、地球文明は滅亡するのか？

マヤ文明の暦では、二〇一二年一二月二三日で月日が終了となっています。その年に地球はフォトン・ベルトに入るのではないかという説もあります。そのとき、「異常気象」が起きて、地球文明が滅亡することは、十分に考えられます。そこで、「マヤ文明の暦とフォトン・ベルトの関係」について、三島霊に聞いてみました。

《フォトン・ベルトには、三〇〇〇人の魂が必要》

地球がフォトン・ベルトに入ると、異常気象が起こるが、科学的には語らない。科学で語ると、いろいろな科学者がいて差し障りが起こる。地球の科学が、ダーウィン説（進化論）の通りでないことはわかっているはずだ。

人間が、海から来た生物であるという説、それも間違っている。

そこで、地球がフォトン・ベルトに入った場合の〝精神作用〟だけについて語ろう。二〇一二年頃亡くなる方のゼロ次元、一次元、二次元、三次元、四次元、五次元、六次元までの、亡くなってから遺体から離脱する幽気体、アストラル体、エーテル体――これが必要なのである。そして、精神作用でその頃亡くなる人々の、重大な人たちの〝死体〟が必要となる。肉体がエーテル体になるまで、いろいろ変化をするが、幽気体が何割、アストラル体が何割か必要になるのである。

今から二年後の二〇一二年に、大事な大事な肉体が、三〇〇人ほど亡くなって、異次元世界にその人たちの魂がお遷《うつ》りになる。彼らは〝善なる人間〟である。約三〇〇人、亡くなるはずだ。日本を中心に、世界から、大物の人物が連続して亡くなっていく。人の死に関しては、語ってはいけないというのが神様の掟《おきて》だから、名前は申し上げられない。だが、その三〇〇人の死体から出てくる魂が必要なのである。

精神世界では、魂が肉体から離れることを、「帰依《きえ》する」という。三〇〇人の肉体に残っている〝因子〟が必要なのだ。

なるべく老齢で亡くなる者から選ぶ予定であり、若い者を連れて行くことはしない。日本人で亡くなるのは二二人で、続けざまに他界していくだろう。

その方たちが、四次元世界、五次元世界、六次元世界まで上昇して、さらに宇宙人によって、次元の異なる世界に誘導されていくのである。

フォトン・ベルトには、この三〇〇人の魂が必要なのだ。冷酷なようだが、大宇宙神様の補佐を、私、三島由紀夫がさせていただく。男女合わせて、三〇〇人が、永遠の死を求めて、二〇一二年までに、自殺しないようにと配慮するのが、私の役目なのだ。彼らは、二〇一二年の三年半前の今、すなわち二〇〇八年九月四日に、そういう肉体になられたのだ。もうアストラル体は抜けられたはずだ。大宇宙神様のご指示により、二〇一二年には、死体の始末をさせていただく。

さて、先ほどの問い（マヤ文明の暦とフォトン・ベルトの関係）に対する解答だが、「地球がフォトン・ベルトに入っても、地球は滅亡したりしない」。マヤ文明の予知は、当たっていないということだ。

二〇一二年に異次元に行かなくてはならぬ人は、霊光線を通って行くことになる。この霊光線について一言、語っておこう。

一九八五年八月、日航ジャンボ機一二三便が御巣鷹山《おすたかやま》に墜落して、五二〇余名の方が亡くなられた。あれは、神の霊光線を、日本の飛行機が侵《おか》したために起こった事故なのである。神のクシロである霊光線を、あなた方は自由に往来する。だから、事故が起きる。飛行機が墜落する。火災が発生する。

この霊光線を、科学的に見つけようとする人がいるかも知れないが、精神世界では、これを〈クシロ〉と呼んでいる。そこでは、時間がタイムスリップする。霊光線をいじったり、通ったりすると、必ず事故が起こるのだ。これからも心して、飛行機には乗ることだ。

## ●――人類は本当にアセンション（次元上昇）するのか？

一般に、地球がフォトン・ベルトに入ると、人類は変容し、次元上昇をして魂が進化するという説があります。この次元上昇は、先述しましたが、「アセンション」と呼ばれています。精神世界好きな若い人たちの間では、この「アセンション」がブーム化し、これを待ち望んでいる気配さえあるとのことです。

そこで、アセンションについて、もう一度、三島霊に尋ねてみました。

「アセンション」の考え方は、間違っている。アセンションしたら、かえって地球が滅びるからだ。

地球人は〝肉体〟を持っている。しかし、肉体を持って、地球に住む人間は、海から発生したと思われている人間、それだけではない。異星人で、この世に生まれ変わっている人が、いっぱい地球にはいるのだ。

大気圏外にも、宇宙人はいる。彼ら宇宙人は、「気づいてくれ」と思いながら、「ナスカの地上絵」を遺したり、いろいろな現象を起こして、警告を与えている。彼らは、地球を救いたいのだ。

地球は〝宇宙の母点《ぼてん》〟なのだ。この星がなくなったら、たいへんなことになる。大宇宙神様が最初にお造りになったのが、地球、太陽、月。これらは三位一体《さんみいったい》なのである。もう一つの太陽である、オリオン座の弟星。そこへは地球人として移住するのではなく、霊体として移住する。だから、オリオン座の弟星へのアセンションはある。やがて地球が冷えたとき、地球人の三分の一が移住するのだ。

## ●一九九九年八月に「地軸の移動」がなかった理由

今まで、霊界通信には出てこなかった「フォトン・ベルト」や「アセンション」について様々な答が、三島霊から返ってきました。私は、頭が混乱して、すぐ理解できるものと、俄《にわか》には得心できないものが混在しているような気がしました。

先ほどから三島霊は、「フォトン・ベルトに入ると、月、地球、太陽の軌道がずれる」という警告を投げかけていました。そこで私は、初めての著作、『三島由紀夫の霊界からの大予言』で書かされた、

「一九九九年八月二日午後六時、この時点で、地球のすべてのバランスは崩れ、地球の危機が来る」

また、

「氷河期の前兆として、地軸の移動がある」

という、二つの予言に関して、改めて尋ねてみたい衝動に駆られました。なぜなら、一九九九年八月二日午後六時を過ぎた今日、依然として「地軸の移動」はなく、氷河期にはならず、「温暖化現象」が起きているだけだからです。この本を読んだ読者の方は皆、疑問に思っているはずです。三島霊からのあの予言は嘘だったのでしょうか?

すると三島霊から、こんな答が返ってきました。

《地球の地軸は二本ある》

〈地軸〉は、普通、一本と考えられている。しかし、地軸は二本あるのだ。科学的に言うと、〈北斗七星〉は地球の地軸を支えているのだが、対《つい》の形で〝もう一つの北斗七星〟があるということを知って欲しい。

そして、地球の地軸の一つは隠れていたのだ。この隠れた地軸のほうが歪《ゆが》みがきている。だから、一九九九年八月二日、地軸のシフト（移動）は本当に起こったのだ。

それが原因で、「氷河期」よりも「温暖化」が、とくに強く叫ばれるようになった。八月二日に、ポール・シフト（地軸の移動）は実際に起きたのである。見えない地軸で起きていた。

地球に滅亡はない――ということで、私は語りたい。地球は〝母点〟であり、この地球が永遠に回らないと、宇宙も全部終わりになるのである。そうなると、宇宙人も、異星人も大いに困惑する。

温暖化現象が続いたら、いろいろなことが起きて、核を使う場所も出てくる。そういう核兵器を絶滅させるには、この〈地軸〉は歪んだままでよいのである。

皆が知っている〈地軸〉は、変動してはいない。変動したら、地球は滅亡してしまう。もう一つの〝見えない地軸〟のほうが移動したのだ。それが、一九九九年八月二日に起こったことの真実である。

## ●――地球の〈磁場《じば》〉は二〇一二年に消えるのか？

地球が「〈フォトン・ベルト〉に入ると、地球の〈磁場《じば》〉が消滅して、それが原因で地球は冷えて、〈氷河期〉に入る」という説が、ある本に書かれているのを知りました。そこで、フォトン・ベルトに入ると、地球の磁場が本当に消えてしまうのかを、三島霊に訊いてみました。

地球がフォトン・ベルトに入ると、地球の〈磁場〉が消滅するなど、そんなことはない。人間もある程度、コンピューターなのだ。地球の磁場がなくなったら、互いに引き合うこともできなくなる。「人間の五臓六腑は小宇宙なり」、という言葉があるように、小腸の機能も狂ってしまう。私たち人間には、磁場が必要なのだ。それがなかったら、幽体離脱もできなくなる。電波・磁波を発生する食物もあるが、水がなければ駄目である。

磁場がなくなったら、地球は回らなくなる。だから、磁場があるのは当然。それが科学だ。磁場がなくなることはあり得ない。

このような機会を得たついでに、どうしても「氷河期」についても、三島霊に質問してみたくなりました。

「現在、地球は、温室効果ガス（CO$_2$）によって〈温暖化現象〉を見せています。それでも地球はやはり、「氷河期」を迎えることになるのでしょうか?」

こんな答が返ってきました。

地球の「温暖化」はまだ続く。最終的には「氷河期」に到るには、一〇〇年以上かかるであろう。しかし、神々は地球が再生するために、最終の時も考えているのだ。地球は「氷河期」になれば休めるからだ。

そのときには、太陽は黒死に到り、壊死《えし》する。地球を一休止させ、氷河期の間に因子だけを、地球にしか住めない魂の人だけを残す。人類の何分の一かは、地球に残るはずだ。異星人の方々は、亡くなったらすぐ、善良なる魂だけが異次元に、そして霊界に、そして精霊界へと動いていくのである。

## ――フォトン・ベルトに入る前の核の処理について

地球がフォトン・ベルトに入ると、核施設に事故が発生する可能性があるということも、ある本に書かれていました。そんなことが起こるとしたら、どんな対応策が必要でしょうか?

核に関する事件は、発生する。アメリカを中心に事故は起こるだろう。

対策については、アインシュタインのことを、いろいろ研究していけば、ある科学者に対策法が霊界から降りるということだ。ある科学者が核処理の対策法を発明することになるだろう。

日本人ではなく海外の人が、天照皇太神のご指導により、核の廃棄と核物質の処理に必要な方法を発明することになっている。とくに北朝鮮の地下にある核兵器は、爆発すると大変なことになる。

今のところ、アメリカ人、イギリス人が核の処置法にとりわけ困っているが、核物質を廃棄させられるものを発明する人が必ず出てくる。そして、世界は核兵器廃絶に向かって進んでいく。

## ●――資本主義は、これからどんどん衰退していく

生前、三島由紀夫氏は独特の文明洞察をされることで有名でした。博識がもたらす鋭い文明観を展開して、聞く者の胸に強い印象を与えました。

そんな三島霊に、二〇〇八年九月に始まったアメリカ発金融危機について、その母胎である歪んだ資本主義がもたらした弊害、格差社会の到来などについて質問してみました。

「社会主義や共産主義の夢が消え、中国が開放経済に向かいつつある一方で、アメリカを中心とする資本主義に〝没落〟と〝格差〟という不安が見えます。資本主義はこれからどうなるのでしょうか？」

《資本主義はどんどん衰退していく》

資本主義は、これからどんどん衰退していく。衰退していかなければならない。日本では土地を手放し、百姓でなくなっている人が多い。私の考えでは、資本主義を目指すよりも、「農民国家」が広がればよいと思う。日本に関してだが、農民を増やし、二割近くの人が農民であるべき状況が理想といえる。

これから第三次世界大戦が起きるやも知れない時に、輸出に頼っている日本は、絶対に二割の方が農民に帰依しなければいけない。農民・漁師国家になれば、資本主義が自ずから崩れてもまずいことにはならない。これは、日本の場合の話。

アメリカの場合は、市場という植民地を求めてやってきた国だから……。だが、日本は戦後、アメリカに助けられたという事実がある。

昭和天皇は、「A級戦犯になってもよい」という覚悟があったのにもかかわらず、命が守られて、亡くなられるときも、一九八九(昭和六四)年正月の七日間、寿命を保たれたということは、「大自然の神」と崇《あが》める日本の〝基本の息吹《いぶき》〟があったからであろう。縄文時代の頃は、武器は動物を食べるだけの「槍」であり、「剣」であった。それが、日本の基なのである。「荒《すさ》ぶる神」の争いの空気がある限り、日本に戦争は起こさせない。

資本主義は、どんどん衰退していく。私の考えている、三島流の「国の形」というのは、農民や漁師を中心に、食べることに事欠かない、そういう〝新しい国づくり〟を目指していくこと。資本主義でもない、共産主義でもない形の国。共産主義には悪いところもあるが、よいところもあることはわかっている。

資本主義であるアメリカが衰退している今、日本が敗戦時に助けてもらった〝恩返し〟をするとしたら、おいしい米をつくることだ。米は余っているのだから。なぜ、日本はアメリカに米を出さないのか。そのためには、「漁師党」や「農民党」ができてもいいのではないかと思う。

実際に、海で魚が獲れなかったらどうするか？　鰻《うなぎ》だって養殖だし、中国から輸入している。

普段は米を大事に、魚を大事にして質素に生きる。そして、時々、優雅に遊びの心を持つ、そういう生き方がいいのではないか。資本主義だけではこれからは駄目なのだ。人間を主体に考えること。農民や漁民を中心に謳《うた》っていく、そういう政治家が登場して、結束した党ができればよい。

## ●――アメリカには大地を癒していける政治家が出ればよい

ここまで、三島霊は一気に通信を送ってきました。さらにアメリカについての文明論を展開しました。

アメリカはなぜ没落するのか？　アメリカの歴史は短い。コロンブスが霊視して見たところが、アメリカ大陸だった。コロンブスは霊能者だった。わずかの年月で、アメリカがここまで伸びたのは、やはり、「こんなによい島があったのか」というコロンブスの気持が伝わっている。

アメリカという国は、インディアンと闘って横取りした土地。そこから歴史が始まっている国だが、それも〝神の仕組み〟だと思う。皮剥《かわは》ぎ、人殺し。このインディオの血をなくすために、アメリカ人はアメリカを占領した。このインディオの呪《のろ》いがアメリカに残っているのではないかと、私は思う。

それ故、アメリカは没落していく。

「アメリカではオバマという新しい黒人大統領が登場しましたが、アメリカの資本主義はどうなりますか？」

興に乗ってしまった私は、立て続けに三島霊に質問してしまいました。

オバマ大統領の就任式（2009年1月20日、写真はホワイトハウス公式ＨＰより）
三島霊は、オバマ大統領の誕生は日本の良き羅針盤になるという

《オバマ大統領は日本の良き〈羅針盤〉となる》

このまま資本主義、市場原理主義を続けていくようだったら、アメリカはどんどん赤字経営になっていくだろう。財政赤字に陥るだろう。

私は、アメリカの大地を耕していくような、大地を癒《いや》していける政治家が出ればいいと思う。

今度選ばれる大統領は、大地にトウモロコシ畑をいっぱい作るような、農民に力を貸すような人がよい。軍事兵器に力を入れることを止め、みんなでアメリカの大地を甦らせて、人種差別を止めさせる人がよい。

大地を、土を耕していって欲しい。アメリカにも日本にも言えることだが、日本人も鍬《くわ》を捨てるな！　アメリカ人も大地を大事にせよ！　神から与えられた大地を。

アメリカは、クリスチャンが多い国だけれど、インディアンの嘆きを忘れないで欲しい。

オバマが大統領になったが、正解だと思っている。彼はアメリカを変えていくと、私は信じている。ヒラリーでは、アメリカ中心に考えたとき、押しが利《き》かないからだ。初めて黒人大統領になったオバマは、闊達《かったつ》であり、弁舌《べんぜつ》も立つし、頭もよい。

世界は、みんなが心を一つにして、「人種差別がなくなった」という証《あかし》の結論、それが、オバマ氏の大統領就任で出たと思う。黒人たちが、どれほど苦しい時代を過ごしてきたか

――オバマ氏の弁舌の中に、それが刻まれている。

かつて総理大臣になった田中角栄氏は「天童」と言われたが、オバマ氏こそ「天童」だという気がする。このオバマ氏によって、日本も救われるかも知れない。オバマ氏は〃日本の良き羅針盤《らしんばん》〃となる。日本人はアメリカを捨てたら、生きてはいけない民族であることを忘れないで欲しい。

アメリカだけでなく、海外でも、黒人たちが、オバマ氏の大統領就任を喜んでいる。これで〃人種差別〃の時代は終止符を打った。

## ――世界経済恐慌は〃神の思し召し〃

未来がそんなに明るいものでしたら、どんなに素晴らしいことでしょう。異常気象や経済恐慌の心配が起こる余地はないと思うのです。そんな胸の内を察したように、三島霊が語りかけます。

確かに異常現象は起こっている。しかし、「温暖化」があって、然《しか》りなのだ。地球が氷河期になるためには、科学的に「温暖化」が必要だということを知って欲しい。

もしかしたら、戦争が起こるかも知れないが、そのとき、人々は何を考えるか？　もし、若い人たちが、「日本にも戦争が起きるのか？」とか、「戦争になったら、自分はどうするか」と考えたら、戦争の方向へは行かないであろう。

世界恐慌に端を発して、世界大戦が起きるかも知れないが、危機を感じているのは、私ひとりではないだろう。神側から、ものを言っているのではない。地球の人々に、日本、アメリカ、ドイツ、ロシア、そういう人々の中に〝一滴の涙〟が残っていたならば、今回の大恐慌を、「人々が正しい気持ちになるため、また、大事なのは、〝金権政治〟ではない道を知らせたい」という神が為《な》した、〝神の思《おぼ》し召《め》し〟と受け取って欲しい。

## 〝サタンの罠《わな》〟により、日本人は「魂の抜け殻」に入り込む

三島霊は、日本とアメリカは仲良くすべきだと、再々忠告しています。アメリカが経済的に没落した現在、日本はアメリカ離れをして、アジアと仲良くすることが、日本の進むべき進路だと主張する人々が多くなっています。そこでこうした方向は正しい選択かどうかを三島霊に聞いてみました。

私は、日本がアメリカから離れることには反対だ。アメリカがどれだけ戦後の日本を助けてくれたか。アメリカの基地があるから、日本が守られて来たではないか。アメリカに

は恩がある。日本がこんなに平和な国になれたのは、アメリカが助けてくれたからである。

日本は島国だ。島国だから守られた土地だということも、一つには言えるだろう。しかし、島国である故に、鎖国をずっと通したが故に、魂が小さくなった人も多いのではないか。もっと大陸的に、大らかにものを考えたら、事は簡単に済むはずである。

日本がアメリカから離れるのではなくて、アメリカが日本を本当に見放す。日本は、百姓が鋤《すき》や鍬《くわ》を捨てたら、終わりなのだ。日本人は農業に力を入れるべきである。

ただ、今のアメリカには問題がある。オバマ氏に続く大統領の〝卵〟が見当たらないことだ。オバマ氏の難題はそこにかかっている。

アメリカは、内心では日本に恐怖心を持っている。日本の神話である『古事記』におけるヤマトタケルの残虐性をとっても、これをきちんと浄化しないと、日本人の残虐性は再び発現することになる。この日本人に秘められた残虐性を、アメリカは恐がっているのではないか。だから、アメリカのほうから縁を切るかも知れない。

アメリカが日本のお金を吸い取って、見捨てるという予想。それは〝サタンの罠〟であり、サタンが日本をとことん落とせば、日本人の「魂の抜け殻」の中に入り込んで、日本を中心にサタンが世の中を動かすことができる。そういう流れはできている。だから、アメリカが、「日本を見放そうかな」と思う時もあるのだ。

だが、一般のアメリカ人は〝純真〟である。だから、日本とアメリカの関係は、今までどおりでよいのである。ただ、変えるべきところは変え、主張すべきところは主張して、日本は小さくなる必要はない。

結論としては、アメリカ寄りのほうが、日本の平和は守られる。だが、サタンや邪霊や悪霊の働きで、今までの形が崩れるかも知れない〝隙間《すきま》〟がある、ということだ。

## ●——二〇〇九年以降を生きる日本人のための指針

日本は二〇〇八年後半から、世界的な経済恐慌や景気停滞の煽《あお》りを受けて、派遣切り、失業者の増加など、これまでにない不安をいっぱい抱えて、進むべき道がわからなくなっています。

そこで、最後に、日本人、とくに若者がこれからの人生を生き延びるための「指針」を、三島霊に教えていただきました。

《肉体を鍛え、おのれの「邪」を捨てよ》

サタンは必ず、いずれ氷河期前に消滅する。それまでサタンは存在する。それは仕方のないことだ。わたし、三島由紀夫はサタンにはやられない。だが、君たち、若者はやられてしまう。

希望の星か……精神世界で生きていったらよい、精神世界で！

再びの愛、再びの星がある。再びの太陽がある。そう信じればよい。太陽が滅びても、壊死《えし》しても、また、もう一つの太陽が現われる。それを信じて、みんなが、学生もそうだ、「指針」にしたら、どうだろう。

もう一つの太陽。もう一つの大地。必ずあるのだ。そこを目がけて、指針として、ゆっくり、淡々と焦《あせ》らず進むのだ。みんな、焦りすぎている。ゆっくりと生きていけ。

ともかく、経済恐慌や地球の温暖化など、様々なことが起きている。「神の怒り」とか、信仰心のない人でも、「何かおかしいぞ」と感じている今、誰にも自分の内心を見せないほうがよい。

サタンが存在する現時点であるから、サタンの息吹がどんなものかと知ろうとしたら、あなた方は絶対に負ける。私たち、神側は、もうすでにサタンに勝利している。私は神の下僕《しもべ》にはならない。神にも談判する。

あなた方は、恐慌や景気低迷に悩んだり、マスコミのいろいろな情報、たとえば、「○○が獲《と》れなくなる」とか、「まもなく大地震が発生する」といったニュースに恐怖を感じているだろう。だが、恐怖を感じるよりも、恐怖慣れしなさい。

おのれを鍛えなさい。おのれ自身の魂を磨きなさい。私が生前、バーベルを持ち上げたときのことを考えてしまったけれど、おのれの肉体を鍛えることによって、おのれの「邪」を捨てなさい。

だから、この「邪」を捨てるために、おのれの魂と肉体を鍛え続けて欲しい。死ぬる、その日まで。そして、死んでからも、また……。

# 終章

## 日本・世界崩壊を立て直す
## ——三島霊からの提言

三島霊に公開質問——世界の政治・経済はどうなる？

## ●──政治・経済問題に関する霊界からのメッセージ

二〇〇八（平成二〇）年五月頃になると、国際情勢や政治問題に関する三島霊からのメッセージが立て続けに、私に送られてきました。

私は最近になって、ここ数年に送られてきた三島由紀夫霊からの「自動書記」のことを、ごく限られた出版関係の編集者の方にお伝えしました。すると、これまでの自動書記を読んで下さったTさんという編集者が、こう言われました。

「今、世界は経済的にも政治的にも未曾有《みぞう》の危機に瀕しています。できることなら、太田さんのお力で、現在、我々が直面している様々な地球的な課題を、霊界の三島さんに伝えていただけませんか？　三島霊が何と答えるか、非常に興味があります」

このようなこともあり、二〇〇八（平成二〇）年五月二〇日を選んで、三島霊に以下のような質問を問いかけてみました。

前章までのメッセージは、宗教や神界や霊界など精神世界に関することが多く、どちらかというと、難解な部分が多かったようですが、これからご紹介する、政治・経済問題に関する三島霊の回答は、非常に単刀直入、現実的であり、わかりやすいという感じがいたしました。

三島霊はこんな調子で、語りかけてくれました。

《これからの地球と日本の立て直しの提言》

何から始めるか。

地球の温暖化対策は、ノロノロと始めているが、急ピッチで温暖化対策に臨まなければ、地球の空気中の酸素が少なくなる可能性がある、とだけ言っておこう。

酸性雨が降る現在、あなた方は急がねばならない。木々に炭酸ガスばかり吸わせてよいのか、気づいているはず。「自分一人が気づいても仕方がない」とは言わせない。世界のみんなが気づいている、温暖化の危機である。

《日本の「政権政党」は変わっていくか?》

日本のこれからの政治は、どの政党を中心にして動いていくべきか?

どこの政党でも、「帯に短し、襷《たすき》に長し」。みんな、自分勝手に、自分の政党を身贔屓《みびいき》するばかりの現在、皆が心を一つにして、国民の幸福を真剣に考え、政治を行なえないのか。

私があまり、どこの政党がどうだこうだと論じると、反発を買いそうだが、少々意見を述べさせていただこう。

日本は長く自民政権で来たが、ここは政局の困難を、時の総理がいちばんわかっている。国民が政治離れしているかといえば、そうでもない。東国原《ひがしこくばる》・宮崎県知事や、橋下《はしもと》・大阪府知事のようなタレント知事が受け入れられている現在、こういう楽しい知事が出現するということは、あまりに国政がおかしいので、神の動きによって選ばれた人間の出番が来たということであろう。

自民政権が崩れても、それぞれの党が連携プレイをし、どの政党が天下を取るかと心配する国民の不安を、神仏は取り除く。

今ここで、どの政党が主権を握ると言ったら、政治家はやる気をなくすだろう。私としては、小沢一郎氏が、真の改革を遂げた後の自民党に、再び返り咲くことを望む。

二〇〇八（平成二〇）年五月二〇日

## ●――アメリカと日本の関係について

アメリカは、二〇〇七（平成一九）年のサブプライム・ローン問題により、金融が崩壊しました。ブッシュ政権は軍事面での後退を余儀なくされ、外国基地からの撤退の道を選択しました。日本では、二〇〇七年の参議院選で、自民党に勝利した民主党は、政権交代をめざします。一方、自民党の衰退を止めたい福田康夫首相（当時）は、民主党の代表となった小沢一郎氏に「大連立構想」を提案しましたが、総理の座が欲しい小沢氏は迷走し、結局、解散・総選挙による「政権交代」の道を選択しました。

そのような政治状況にあった二〇〇八（平成二〇）年五月二〇日、三島霊は「アメリカと日本の関係」について、こう語りました。

《未来の日米関係とリーダーについて》

今後アメリカとは、付かず離れず、である。縁を切れば、かつて日本を滅ぼした国だから、日本を孤立させ、新たな世界大戦の矛先《ほこさき》として日本を選ぶはず。

今後、別の政党が政権についたとしても、心を戒め、日本が再び、戦争王国にならぬように一心に神に祈りながら、政局を正常化して欲しい。

三島由紀夫は、今、素神《すしん》その他の神仏と共に動いている。

そして、必ず訪れる（時間はかかるが）恒久平和のために、皆さんに神仏の代表霊として、霊界・宇界から、波動を送り、書記を送っている。

田中眞紀子さん、あなたも新政権に協力し、末端の国民にも、政治が行き届くように働きかけ、政治家生命に余裕を持って立ち上がってくれたまえ。

菅《かん》（直人）君は、おのれの欲望を顔には出さないが、天下盗りをしようと考えても、あなたには総理大臣の椅子は無理だ。冷静に周りを見て、どこまでが自分の政治家として歩んでいく道なのか、正しい判断をして欲しい。正直になり、頑張ってくれたまえ。

次は、アメリカが日本から離れていこうとしている現在、日本人はどのように防衛問題に対処していくべきか、政治を踏まえての三島霊からのメッセージです。

《安保不条理の結末を知ったほうがよい》

北朝鮮のミサイルが日本に向けられている現在、また、アメリカが日本及び韓国の基地から撤退しつつある現在、日本の防衛問題はどうあるべきか?

日本人が独自に、憲法・防衛を考えなければならないということは、再び戦乱の風が、世界から日本に吹いてくる気配と、私は思う。懸念《けねん》ですめばよいのだが……。

受身の体制でいれば、〈安保不条理〉（註：現在の日米安保条約が片務的であること）でもよいだろう。ところが、北朝鮮が日本に向け、ミサイルを発射した場合、防衛体制が無い。日本の自衛隊には、無い。

しかし、アメリカと日本が連携プレイでいた頃の日本の安全保障は万全であった。安心感もあった。

追い込まれたアメリカという感じであるが、実際のところは、韓国の基地問題を種《たね》に、戦争を起こしかねないアメリカの状況である。アルカイダ問題でも然《しか》り。アメリカは強大なテロ組織に勝とうとしている。

テロは絶対、悪人のすることであるが、アメリカはそのテロ組織を恐れ、経済も破綻《はたん》し、どこの国に対しても、争いのある場所にしてしまう、何かが蠢《うごめ》いている。

これは、人間的に言ってみれば、アメリカは、コロンブスの時に、アメリカ大陸が見え、原住のインディオの血を流して出来た国ということだ。過去の、亡くなったインディオの魂の群れが、アメリカという大国の危機を望んでいたからだ。

全部が全部、インディオへの迫害のせいとは言わない。インディオも往古、皮剥ぎ、虐待など、いろいろと血を流す風習があった民族である。コロンブスが大陸発見の後、アメリカは巨大な国になり過ぎた。

日本とアメリカが共に締結し、戦争のない安保不条理の中にいて、新しく安保条約を、アメリカと日本、二つの国で結べるならば、第三次世界大戦は防げる。

韓国も、アメリカが撤退した後、北と新たな軍事条約を結び、軍事政権の北を受け入れてしまうと、世界大戦は起きかねない。

## ──老人福祉をもっと豊かにせよ

少子高齢化社会を迎え、後期高齢者といわれる七五歳以上の老人の社会保障、介護や医療費の高負担などの問題が世間を騒がせています。霊界ではこの老人問題をどのように見ているのでしょうか？

《日本における、若者と老人の人口バランスについて》

これ（註：後期高齢者の社会保障の問題）は、日本経済を歪《ゆが》ませているトップの問題である。三島由紀夫が神側の立場で、意見を述べよう。

政治により、老人の医療費が高くされてしまったが、この政治の動きはおかしい。平均寿命が伸びた今、七〇歳以上の人に対して、老人福祉をもっと豊かにし、昔（註：太平洋戦争の悲劇について）を語れる〝生き証人〟のために、老人世界に助けを出してやろうと、私たち・神側が、私・三島も加わり、動いている。

もしも若い人たちが老人になった場合、どんな人も長生きすれば、老いを体験するのだから、若いうちに、老人の正しい人たちから学べるようにと、平均寿命を伸ばしたのが神様たちの考えである。私たちの作戦の〝勝利〟だったはずなのに……。

若者よ、老いても青春！　明るい政治を望む。神側から動かした「老人問題」は、正しいと思う。

## ●――霊界の三島由紀夫氏に「公開質問」

〔註：これから先の内容は、二〇〇九（平成二一）年六月一一日に、編集者と太田千寿さんとの合同で行なった、霊界の三島由紀夫氏に対する「公開質問」の一問一答です。

三島霊は、こちらが用意した「公開質問」に対して、太田千寿さんの肉体に降臨して、さながら三島由紀夫の口調で答えてくれました。その口調をテープに録音して、後に文章化しました。そういう形で再現しましたので、文体はこれまでの「自動書記」とは異なり、語り口調となっています〕

《経済大国アメリカに神仏の裁きが行なわれている》

編集部　三島由紀夫氏が決起を起こしたのは、一九七〇（昭和四五）年一一月でしたが、直前の七月に、「サンケイ新聞」連載のエッセイで、重要な言葉を遺されています。

《このままいったら「日本」はなくなって、その代わりに、無機的な、からっぽな、ニュートラルな、中間色な、富裕な、抜け目がない、ある経済的大国が極東の一角に残るであろう。

それでもいいと思っている人たちと、私は口をきく気になれなくなっているのである》

この言葉は四〇年後の今日でもほぼそのまま当てはまります。三島さんはここで、日本のことを「無機的な、ニュートラルな、富裕な、抜け目がない、ある経済的大国」と表現していますが、ある意味では、それは今日、世界的な金融危機を起こしている「強欲な資本主義」のことではないでしょうか。またそれはロスチャイルド家やロックフェラー家を中心とする「ユダヤ国際金融資本」と言っても過言ではないと思います。

三島さんほどの人でも、当時の世界認識では、このような世界の金融を支配する「国際金融資本」の存在を認識しえなかったのでしょうか？　それを非常に残念なことに思います。その後、一九八〇年代頃から、ユダヤ研究の人たちが現われ、世界を支配し、おかしくしている勢力は誰なのかということで、先ほどの国際金融資本やイルミナティの存在が究明されていきました。

三島さんがユダヤ問題をあまり語らなかった理由を教えてください。

私はそれら（註：イルミナティやユダヤ国際金融資本の存在）のことをすれすれに言及してきた。何もかも承知だった。イエス・キリストはユダヤ人である。ヨハネの血を引いている私は、ユダヤ民族を犯してはならないと考えていた。

かつて私は、「ユダヤは黄人《きひと》。ユダヤ民族は、月星人の成れの果てである」という言葉を送った（註：131ページ参照。ユダヤ民族にはアシュケナジー系とスファラディー系の二つがあり、ほんとうのユダヤ民族はスファラディー系であり、黄人〔黄色人種〕であるということか）。東も西も北も南もない。ほんとうの〈恒久平和〉とは何なのか。いつか必ずみんながわかるはずだと思いながら、私は死んでいった。

当時の経済大国がどこを指しているか——それはアメリカである。だがその結果、霊団や神界が動いて、経済大国のアメリカに着々と神仏の裁きが行なわれつつある。それも一つの試練なのである。

こうした裁きを受けてアメリカも変わる。北朝鮮によってアメリカは変わる。北朝鮮は日本とアメリカをターゲットにして動いているからだ。

《イルミナティとルシファーについて》

編集部　今度の自動書記にたびたび現われてくる〈サタン〉についてお聞きします。イルミナティという秘密結社が一八世紀ころに、ロスチャイルド家の支援を受けてアダム・ヴァイスハウプトというドイツの神学者によって創設されました。

このイルミナティによって崇《あが》められているのが、ルシファーという悪魔だといわれています。そのルシファーの正体を詳しく教えてください。

イルミナティやフリーメーソンは、確かに謀略機関として存在している。われわれ霊団は、イルミナティやフリーメーソンの連中に、「人を殺すな、絶対に銃を持つな、刀を持つな」というテレパシーを送っている。

世界支配を目論んだロスチャイルド家や、かつての王室の後裔たちは、天上界にはいけない。彼らはまず精霊界に行く。精霊界で彼らの魂が何かということを調べられる。彼らは絶対に神界などの上位にはいけない。彼らは下のほうに浮遊していて、天上界には行けない。天上界には行けたとしても呼吸が厳然として異なるから、生きられない。悪霊を持った連中は天上界には行けないという掟があるのである。

イルミナティが崇めるルシファーは一番を目がけて、神より上に行こうと思ったのだが、この霊界にも生まれ変わって依然として生きている。我々はよくルシファーにも会っている。

このルシファーを撲滅させられれば、肉体の病も癒えて、人間の魂も不滅になる。しかし、サタンの魂だけは不滅ではないということを強調したい。そのことを、私はあの頃わからなかった。

ルシファーはサタンのトップであり、先祖のオスは「人食い蛾」なのである。それがサタンの創始である。メスも、人は食べないが、小さな蛾である。

あるとき、蛾が苦しんでいるのを見かねて、神様のなかの素晴らしい女性神が、周囲の反対を押し切って助けに行った。毒をとるなど介護して生き返らせた。すると、誰かがそのサタンを人間にしてしまったのである。

それが反逆者、ルシファーの最初の子供である。ルシファーは現存しているが、当分は共存共栄の関係にある。ルシファーのグループはまだ世界中に八〇〇〇万もの数が生き残っている。今は共存共栄しているが、やがてサタンは骨から血まで消滅する。だからサタン地獄はもうありえない。

「堕天使ルシファー」という表現も間違っている。ほんとうは悪魔であり、天使などではない。

今、世界の人たちはサタンに魂を売ってサタン化しているが、神はそうした者でも改心すれば、神の子であればお救いになる。たとえば、両脚を切断すると言われれば、痛く、苦しいので、弱い人間はサタンに魂を売ってしまうものだ。だから、サタンに魂を売ってしまった者でも、改心すれば神の導きがあるから、諦めてはならないのである。

《日本は絶対に核を保持すべきではない》

編集部　三島氏は市ヶ谷自衛隊駐屯地における最期の檄文《げきぶん》のなかで、自衛隊の未来に関して素晴らしい指摘をされています。

《アメリカは真の日本の自主的軍隊が、日本の国土を守ることを喜ばないのは自明である。（このままいくと）自衛隊は永遠にアメリカの傭兵《ようへい》として終わるであろう》

これは今でもまったく同じ状態で続いています。日本はこのまま自主防衛の道を歩まなくてもよいのでしょうか。北朝鮮が核を保持する時代に、日本も核を保持すべきという論議さえ出ています。

アメリカは芸術もなく殺伐として歴史が薄い国である。あるとしたらハリウッドの映画があるくらい。やはり美学が発達していない国は衰退し、敗退していく。自然美、造形美、精神美という三つ巴で営まれていない国は結局、神の調べを、真実を聴くことはできない。芸術のない国に、世界遺産のない国に、心眼は開けないのである。

私の防衛観はいささか過度なものであった。北朝鮮が核を保持したからといって、日本も保持すべきだなどという論議はとんでもない。それより、いまやサタンを皆で退治することのほうが先決である。

アメリカ人だって前世では日本に生まれた人もいる。デヴィッド・ボウイ（註：イギリスに生まれ、アメリカで活躍するマルチ・ミュージシャン。チベット仏教に傾倒し、チベット難民救済活動に参加している。曲調は内向的で宗教色や哲学・政治色が強い。三島由紀夫に傾倒しているといわれる）などは、アメリカ人でありながら、日本人になりたいと言って、日本に別荘を持っているくらいだ。

日本はデヴィッド・ボウイに愛されているくらいだから、日本が中心になるのではなくて、〈舵楼《だろう》（註：舵を取る）の精神〉で動いていけばよい。そうすれば日本は安泰である。

スサノオにしてもヤマトタケルにしても真秀呂場《まほろば》をつくるに際し、日本は〈喧嘩王国〉だった。それらは『古事記』によって作られた史実である。真実の囁きは、後世に間違った方向で伝えられている。景行天皇は決してヤマトタケルを「荒ぶる神」とはしなかった。だから、真の故郷を持ちなさい。心の故郷を。そうすればあなた方も自ずと、相手がサタンかサタンでないかの目利きができる。

今は、間違った親米保守の人たちが私の名前（三島由紀夫）を担ぎ出して危険な方向に持っていこうとしている。

私は、『剣《つるぎ》』という本を書いたが、〈剣の精神〉とは、人を斬る〈剣〉ではない。己を律する心、己を戒める心、そのために〈剣〉がある。あなた方は剣を捨てなさい。

《ミツバチ（蜜蜂）の減少はなぜ起こるのか？》

編集部　最近、イチゴやスイカ、メロンなどの果実の授粉になくてはならないミツバチ（蜜蜂）が大量に失踪して、その数が激減していると言われています。北半球全域で二〇〇六年頃から起こり、ヨーロッパにも被害が広がり、フランスやドイツやスペインで三〇％の蜜蜂がいなくなったと報告されています。

その原因は、特殊なダニや胞子虫の発生による感染、昆虫の神経系に促す農薬の影響などが挙げられています。しかし、やはり、地球の温暖化とか環境の変化が原因になっているのでしょうか。

ミツバチは自然を守る大切な役割を果たしている。そのミツバチが減少しているのは、森林の伐採や地球の温暖化も原因だが、太陽光線の紫外線が多くなっていることも原因の一つである。そのため生態系のバランスが取れなくなっているのである。

ミツバチの失踪に限らず、サタンである「蛾」も大量発生している（註：二〇〇八年七月頃から、北海道や岩手県で、原因不明の蛾が大量発生）。東京にも岩手にも蛾が大量発生していると報道されていた。結局、サタンは元の姿に戻りつつあるとも考えられる。サタンである蛾は、今、大量発生して蛾になって死んでいく。こうしてサタンは元の姿に戻っているのだから、大量発生している蛾はどんどん滅びていけばよい。

一方、ミツバチの減少は、蛾の大量発生に負けているための一時的現象であり、やがて再び数が戻ってくる。ミツバチは自然を守る大切な存在であり、「六分儀、八分儀の原理」で巣をつくっている。また、クモもいなくなってはならない存在である。クモは嫌われているが、神様からいただいた六分儀、八分儀の原理で巣をつくっている。人間にはとてもできないことである。

《新型インフルエンザの脅威はこれから増大する》

編集部　同様な問題で、今、騒がれている、「豚インフルエンザ」や「鳥インフルエンザ」などの新型インフルエンザの発生はなぜ起こるのでしょうか。

豚インフルエンザは豚の怒りと考えるとよい。人間にあったものが豚にされてしまうものがある。「千と千尋《ちひろ》の神隠し」（註：宮崎駿《はやお》監督によるスタジオジブリの長編アニメーション映画の題名。主人公の一〇歳の少女、千尋は家族とともに迷い込んだ異界で、そこに並ぶ見たこともない料理を断りもなしに食べてしまう。それらの料理は神々の食物であったために、両親は呪いを掛けられ、豚になってしまう）のような動物の祟りにあう出来事は昔には実際にあったのだ。今はタイムスリップというものがなくなってきているが。

　鳥インフルエンザのほうが脅威と考えられているが、ほんとうは豚インフルエンザのほうが恐い。今はあまり強毒を発揮しないように、われわれ霊団は祈らされているが、冬になるとこじれを強めていくものが出てくると考えられる。

　また新型がどんどん出てくるだろう。だから、もっと動物に感謝して、食べるときや殺すとき、供養の心を持たなければならない。

編集部　一説によると、新型のインフルエンザの発生は、過剰になった地球人口を間引くために、世界権力を握る勢力が人工的にウイルスを培養して流している「生物兵器」とも言われています。

　たしかに、そうした兵器を開発している国はある。人間の身体をダメにする第三次世界大戦を起こそうと考えているイルミナティの動きもある。しかし、やらせるだけやらせれば、彼らも自滅するだろう。サタンの地獄はもはや消滅させたから恐れなくてもよい。

　それらは陰謀というものではない。サタンというのは最初から心が違うのである。破壊することに何の罪の意識がない。それを喜んで先のことなど何もわからないのだ。哀れといえば哀れ。
サタンと全知全能神の子どもは〈同時初発〉である。最初の全知全能神は女性である。サタンが消滅する、温暖化が終わって氷河期の前期に到るまで、三島霊団は休めない。

《皇室の未来と役割について》

編集部　生前の三島氏が関心を抱いていた皇室のことを伺いたいと思います。秋篠宮に男児・悠仁《ひさひと》親王が生まれ、一応、男系天皇の継承は保証されました。しかし、このままいくと天皇位はどうなるのか、将来が非常に危ぶまれます。国民が皇室の存在を求めなければ、皇室はいらなくなってしまうのではないかと懸念されますが……。

大丈夫、皇室は存続していく。たとえ象徴でも皇室はあったほうがよい。田植えの時には、昭和天皇が宮中で田植えの儀式をなさった。あれを基本に農民も田植えに精を出す。仁徳天皇の時に、民たちが夕餉《ゆうげ》になると、ご飯を炊く。すると台所から煙が出る。それを見て、「わが民たちは繁栄しているのだなあ」と、仁徳天皇はお慶びになる。しばらくして、今度は台所から煙が立たない。「そうか。食べるものがないのか」と言われて、仁徳天皇も一緒に食べ物を召されなかった。

昭和天皇は戦前、現人神《あらひとがみ》とされていたにもかかわらず。戦後、「人間宣言」した。昭和天皇は仁徳天皇を手本にしており、仁徳のような天皇になりたいと念じられていた。

平成天皇も大嘗祭のとき、天界がどの天皇を神様として降臨させようかと考えたとき、昭和天皇を降ろせばよいということで、皆で昭和天皇をご降臨させたのである。平成天皇には今、天照皇太神が降りている。平成天皇が宮中儀式を真剣になさるようになったのもそのためである。

皇太子・浩宮様も立派である。雅子妃を批判する向きもあるが、涙が出てくるほど頑張っておられる。彼女の神経は正常なのだが、神経が細い方なので誤解されやすいようだ。

《アセンションは待ち望むべきではない》

編集部　先章でも触れましたが、これから二〇一二年に向かって、地球の人たちがアセンション（次元上昇）をしていくということは、十分考えられることだと思います。その際、アセンションできる人と、できない人との差はどこにあるのでしょうか。

それは、アストラル体とかエーテル体の量に拠るのである。アストラル体とエーテル体と幽体のホルモンの量に拠る。アストラル体を三分の二くらい持っていれば、アセンションは起きない。

アセンションを待ち望む人が多くなっているが、アセンションはしないほうがよい。間違ったことをすると、タイムスリップしたり、急に宇宙人に連れて行かれたりするから、アストラル体を三分の二、エーテル体は三分の一持っていないと、アセンションを起こすことになってしまう。

普通に地上の使命を果たして長生きするためには、アセンションはしないほうがよいのだ。アセンションを起こすと、白い気体になって死んでいってしまう。精神世界を愛好している読者はこのような世の中だから、短命を望み、アセンションを待っている。しかし、若者たちもお年寄りも、淡々と長生きして、喜びをもって、「幸せだったなあ。天国にいけるなあ」と思って、天寿を全うすることが大事である。

私が操られて自殺したのも、結局、神仕組みではあったが、人々に嫌悪感を起こさせた。それは謝りたい。サタンが存在する限り、またそういうことがあるかも知れないが、サタンがサタンをやっつけるならよいだろう。〈同魂〉がそれをやればよい。

《日本の農業の未来について》

編集部　食糧の自給率が四〇パーセントにも満たない日本の農業の未来はどうなるでしょ

うか？　自民党政府は過剰ぎみな米の生産調整を行なうために、減反政策ばかり唱えてきました。この方向は正しいのでしょうか？

農業は減反政策ばかりしていてはならない。公明党は「農業に従事しなさい」と奨励しているが、それは日蓮の波動による。農業を主体にし、大体、米は余るほど収穫できるわけだから、輸入する必要などない。米を古米などにしないで、国内の食糧で食べていくことだ。春夏秋冬の区別のある日本の米は、一番おいしいのである。

今の政界を見ていると「美しい日本」が聞いて呆れる。大体、トヨタやソニーなどの製品の輸出に支えられている「外需依存」の構造に問題がある。われわれは、軍事に使うために、頭で稼いで輸出して金儲けしてきた戦前の日本を「ウサギ国」と言っているのだが、日本はまず自国でまかなえることを考えなさい。

関東大震災や富士山大爆発が一緒に起きてしまった場合、どのようなことになるか、よく考えてみるとよい。関東大震災や富士山大爆発はいつ起きてもおかしくないのだが、富士山は日本のヘソだから、マグマ・コントロールを神々が行なって延ばしているのである。富士山大爆発が起こると南極の氷が溶けてしまうほど影響が大きい。それは、サタン絶滅のために延ばしているのでもある。

## 《これからの政治経済は日本が主導権を持て》

編集部　アメリカの没落とドルの暴落を予想するヨーロッパのEU加盟国は、新体制を構築中という噂もあります。ドルや円は、今後、大丈夫なのでしょうか。世界覇権はヨーロッパに移行するのでしょうか？

ヨーロッパは一つにまとまり、世界経済を主導していくという説もあるが、私はそうならないと思う。ヨーロッパには、ウランの資源が眠っているが、ウランを持つと、戦争を始めようとする勢力が出てくる。放射能の恐さを知らないのが、ヨーロッパである。

だから、地球の政治経済については、日本が主導権を持つことだ。日本は、鎖国によって、いろいろな自然が保たれた国である。日本は、世界各国の〝お手本になる国〟ということが「神仕組み」で決まっている。

日本が裕福になれば、絶対に戦争をしない。いろいろな国が「素晴らしい国」と注目しているのだから、日本は裕福にならなければいけない。歴史の長い、日本。アメノミナカヌシノカミ（天之御中主神）（註：『古事記』の神々のなかで最初に出現した神）やイブキドヌシノカミ（息吹戸主神）（註：葦原中国《あしはらのなかつくに》のあらゆる罪《つみ》・穢《けがれ》を祓《はら》い去る神）など、いろいろな神様がいらっしゃる。みな元気に頑張っていらっしゃる。この私は、そのすべての神の〝補佐〟として、そして〝宇宙人〟として、みなさんに物申す。

「宇宙人は、みな気づいている。気づいていないのは地球だけ！」

このことを、しっかりと頭に刻んで、脳裏に刻んで、ハートに刻んで、若い人たちよ、お年寄りよ、生きて行って欲しい。

# あとがき

読者の皆様、最後まで読んでくださってありがとうございます。多くの導師の方々の助けにより、この本を書き上げることができました。三島霊からの「大予言」シリーズの四冊より難解ではなく、三島霊が終始、和魂《にぎみたま》で降臨していらしたので、私は案外楽しく、この書を完成させられました。

年月は長かったのですが、三島霊団の動きもよくわかり、宇宙の仕組みの真理を伝えようとする三島霊に感謝しながら、筆を擱《お》きました。神仏・宇宙神の補佐をなさる三島霊の不死身であることを、心から祈ります。私も今、シャーマンとして淡々と生き、幸福な日々を過ごしています。

＊

本書の執筆にあたり、私の師である角山素天先生（三島由紀夫氏の居合道修得に立ち会った方）にも、応援していただきました。

とくに日蓮仏法の正否に関しては、友人の小柳恵造氏に指導を受けました。なぜかというと、私に聴こえてくる日蓮仏法と、過去の書物や宗教団体の唱えることが、どのように違うのかよくわかりましたから、感謝しております。

いつも明るく、いつも天使のこころで生きていきましょう。使命を終えるまで、私は絶対に死ねません。神仏・宇宙・森羅万象、善なることごとくの存在のために……。

最後に、このたびの出版に協力してくださった方々に心からお礼を申し上げます。

平成二一(二〇〇九)年一〇月吉日

太田千寿

## 【三島由紀夫霊による自動書記総目録】（＊は本書で取り上げた巻）

［一］まほろば日記（一）
［二］まほろば日記（二）
［三］大和真秀呂場綴記
［四］真秀呂場綴記
［五］まほろばかたらひき＊
［六］忍びてそうろう記
［七］宝木日記
［八］朝あけ日記
［九］暁《かむろぎ》日誌
［一〇］天命白帆伝
［一一］紫萩日記＊
［一二］愛泉の章
［一三］ひこばえ日記
［一四］和霊《にぎたま》かづら
［一五］新なめの章
［一六］唯唯《ただただ》愛素《そ》のままに
［一七］影に心の光を託して
［一八］石《おもし》との出会いを求めて
［一九］金銀光矢完遂
［二〇］天地万物神霊へ愛をこめて
［二一］純霊歌＊
［二二］無感同の中で＊
［二三］みそぎことほぎの章＊
［二四］宇宙のささやき
［二五］手童《てわらべ》日誌
［二六］潮の音《ね》日誌＊
［二七］テレパシー日記
［二八］とこわか日誌
［二九］ミュージカル原案
［三〇］まゆ玉かづら
［三一］たまてる日記
［三二］皇国ひもろき日記
［三三］無題（一）＊
［三四］無題（二）
［三五］宝珠
［三六］ヤマトの謎

［三七］シオンの丘に思ひをはせて＊
［三八］慟哭のさけび
［三九］常世《とこよ》日誌
［四〇］大和言霊宝来の章
［四一］留記
［四二］俺達のまがたまのろし
［四三］ともしび日記
［四四］さすらいの歌
［四五］花の乱舞＊
［四六］日影日誌

［四七］月明りの章（一）＊
［四八］月明りの章（二）＊
［四九］大和のひしめき＊
［五〇］らどう日誌
［五一］勇力日誌（一）＊
［五二］勇力日誌（二）＊
［五三］勇力日誌（三）
［五四］勇力日誌（四）＊
［五五］勇力日誌（五）＊

なお、本書において数多く引用した自動書記『三島由紀夫の〈形態〉朝日輝けり』の①～⑦が書かれた期間は、次のとおりです。

［五六］『三島由紀夫の〈形態〉朝日輝けり①』（二〇〇七年二月七日～〇八年四月七日）
［五七］『三島由紀夫の〈形態〉朝日輝けり②』（二〇〇八年四月一〇日～五月五日）
［五八］『三島由紀夫の〈形態〉朝日輝けり③』（二〇〇八年五月五日～八日）
［五九］『三島由紀夫の〈形態〉朝日輝けり④』（二〇〇八年五月八日～一〇日）
［六〇］『三島由紀夫の〈形態〉朝日輝けり⑤』（二〇〇八年五月一一日～一三日）
［六一］『三島由紀夫の〈形態〉朝日輝けり⑥』（二〇〇八年五月一三日～一八日）
［六二］『三島由紀夫の〈形態〉朝日輝けり⑦』（二〇〇八年五月一八日～六月八日）

## 【参考文献一覧】

『三島由紀夫の霊界からの大予言』太田千寿著（日本文芸社・一九八四年一一月刊）
『三島由紀夫の続・霊界からの大予言』太田千寿著（日本文芸社・一九八五年一〇月刊）
『三島由紀夫の新・霊界からの大予言』太田千寿著（日本文芸社・一九八八年五月刊）
『三島由紀夫の霊界通信・宇宙創世と命の起源』太田千寿著（日本文芸社・一九八六年一〇月刊）
『追跡！　三島由紀夫の霊界通信』辻村興一著（日本文芸社・一九八五年五月刊）

＊

『２０１２年　地球は滅亡する！』並木伸一郎著（竹書房・二〇〇七年一月刊）
『フォトン・ベルトの謎』渡邊延明著（三五館・二〇〇七年一月刊）
『フォトン・ベルトと日月神示』岡田光興著（徳間書店・二〇〇四年八月刊）
『氷河期の謎とポールシフト』飛鳥昭雄・三神たける著（学習研究社・一九九八年八月刊）
『歴史散歩⑭神奈川県の歴史散歩（上）』（山川出版社・二〇〇五年五月刊）他

◉著者について

太田千寿（おおた せんじゅ）

昭和21（1946）年10月、秋田県に生まれる。本名・智津子。神奈川県立大津高校卒業後、ＯＬ生活を経て、昭和43（1968）年に結婚、一男一女の母となるが、後に離婚。昭和55（1980）年頃より、三島由紀夫霊を始めとして様々な霊より自動書記を受けるようになる。以後、三島霊を代表とする霊界からの指導を受けながら霊能力を高め、三島由紀夫霊からのメッセージを４冊のシリーズとして出版する。現在はいったん中止した霊界からの霊界通信を再開させ、人類救済のための「真秀呂場」づくりに再挑戦している。主な著書に『三島由紀夫の霊界からの大予言』（正・続・新）、『三島由紀夫の霊界通信・宇宙創世と命の起源』（以上、日本文芸社刊）、『霊界と天上界の大真実』（徳間書店刊）等がある。

三島《みしま》由《ゆ》紀《き》夫《お》の
[最新《さいしん》]霊界《れいかい》からの大予言《だいよげん》

●著者
太田千寿《おおたせんじゅ》

●発行日
初版第1刷　2009年11月5日

●発行者
田中亮介

●発行所
株式会社 成甲書房

郵便番号101-0051
東京都千代田区神田神保町1-42
振替00160-9-85784
電話 03(3295)1687
E-MAIL mail@seikoshobo.co.jp
URL http://www.seikoshobo.co.jp

●印刷・製本
株式会社 シナノ


Printed in Japan, 2009
ISBN978-4-88086-254-5